会计查账实务

主　编　唐　锋　潘念萍
副主编　梁玉莲
主　审　梁　敏

中国水利水电出版社
www.waterpub.com.cn
·北京·

内 容 提 要

本书共设计了八个项目，包括认识会计查账，掌握会计查账的基本方法，审查会计凭证及会计账簿，审查货币资金，审查应收及预付款项，审查存货业务，审查固定资产业务，审查负债及所有者权益业务，每个项目下设任务，通过具体任务的教、学、做合一的教学模式，帮助学生在学习过程中准确理解和掌握查账的基本方法及步骤技巧，有助于学生解决实际问题能力的培养和作为一名财会人员底线思维、严谨细致、遵纪守法、以人民为中心的职业素养和职业习惯的养成，也有助于进一步锻炼和提高学生分析问题和解决问题的综合职业能力。

本书内容结构清晰，对各任务的查账步骤讲解翔实，语言通俗、易懂，既方便教师教学，又方便学生自学。

本书可作为高职大数据与会计、大数据与财务管理专业的教学用书，也可作为在职查账人员的参考用书。

图书在版编目（CIP）数据

会计查账实务 / 唐锋，潘念萍主编. -- 北京 : 中国水利水电出版社，2022.1（2023.2重印）
ISBN 978-7-5170-9902-4

Ⅰ. ①会… Ⅱ. ①唐… ②潘… Ⅲ. ①会计检查－职业教育－教材 Ⅳ. ①F231.6

中国版本图书馆CIP数据核字(2021)第179848号

书　　名	**会计查账实务** KUAIJI CHAZHANG SHIWU
作　　者	主　编　唐　锋　潘念萍 副主编　梁玉莲 主　审　梁　敏
出版发行	中国水利水电出版社 （北京市海淀区玉渊潭南路1号D座　100038） 网址：www.waterpub.com.cn E-mail：sales@mwr.gov.cn 电话：（010）68545888（营销中心）
经　　售	北京科水图书销售有限公司 电话：（010）68545874、63202643 全国各地新华书店和相关出版物销售网点
排　　版	中国水利水电出版社微机排版中心
印　　刷	天津嘉恒印务有限公司
规　　格	184mm×260mm　16开本　9印张　175千字
版　　次	2022年1月第1版　2023年2月第2次印刷
印　　数	1000—4000册
定　　价	**39.00**元

本书编委会

主　　编　唐　锋　潘念萍

副 主 编　梁玉莲

参　　编（排名不分先后）

周燕玲　谭雪燕　黄可轩　邓凯月　莫善婷（中职）

主　　审　梁　敏（企业）

前言

随着现代社会对会计信息的依赖程度和质量要求越来越高，会计查账成为审核会计信息质量的一个至关重要的内容。会计查账是经济管理和经济监督的重要组成部分，是防范会计错弊、保证会计信息质量和保障投资者权益的重要手段，也是财会人员应该掌握的基本技能。职业学院作为培养应用技能型人才的基地，在教学中以实践教学为主线，将理论与实际工作紧密结合在一起，通过任务提高学生实践动手能力，以达到培养企业需求的财会技能型人才的培养目标。

本书针对会计实务中常见的会计错弊行为与手法，以立德树人为根本，结合实际工作经验，力求在教法、学法上实现突破。其特点是以项目为载体，以实际工作任务为推动，通过实际查账步骤的翔实讲解，使学生在学习过程中如同亲临查账现场，一步步分析求证，以实现理论知识向实践教学的转变，同时注重融入思政元素，以提升财会学生职业品格和职业素养。本书在项目一中重点融入守法意识和履行监督职责的职业品质教育；项目二中重点融入解决实际问题的能力培养；项目三中注重学生细心严谨、精益求精的职业品质教育；项目四中重点突出底线思维、依法依规的职业道德培育；项目五中融入严谨细致的品质及主人翁意识的培养；项目六重在提升学生发现问题、解决问题的能力水平的培养；项目七重在提高学生服务、监督、管理的能力；项目八注重以人民为中心，为群众管好钱算好账的服务意识的培养。以此帮助学生塑造正确的人生观、价值观、世界观，成长为一名合格的具有职业素养的应用技能型财会人才。

限于作者水平及对某些内容和体系所进行的新尝试，书中难免存在不妥和疏漏之处，希望大家在使用本教材的过程中提出宝贵的意见和建议，我们将认真听取，不断完善。

编　者

2022年1月

目录

项目一
认识会计查账

学习目标

- 区分会计错误和会计舞弊行为；
- 掌握会计错误和会计舞弊的形式；
- 理解会计查账的意义；
- 能正确区分会计错误与会计舞弊行为；
- 塑造守法意识和履行监督职责的职业品质。

任务一　认识会计错误和会计舞弊

一、会计错误和会计舞弊的含义

经济越发达，监督越重要。经济监督的目的在于查错揭弊，即查找会计错误和揭露会计舞弊行为，以维护会计资料的真实性和合法性，确保单位财产物资的安全完整。

【例1-1】 李经理对赵会计说："我的一位朋友在市房产公司当老总，他们公司银行户头里有钱，但不能提现，而我们公司销售都是收现金的，现在他想从他们公司的银行账户里往我们公司银行账户转入100万元，然后从我们这里提现，并给我们1%的手续费，你给办一下吧。"

赵会计在收到市房产公司转入的100万元时作如下记账凭证（图1-1）。

将100万元现金交给市房产公司老总时作如下记账凭证（图1-2）

事后，李经理、赵会计和出纳各分得手续费10 000元。

【例1-2】 王婧因公出差，预借差旅费1 500元，以现金支付。出纳员根据审核后的记账凭证（图1-3），登记库存现金日记账（图1-4）。

记账凭证

2019 年 6 月 2 日　　　　**记字第 1 号**

摘　要	科　目		借方金额											贷方金额											√
	总账科目	明细科目	亿	千	百	十	万	千	百	十	元	角	分	亿	千	百	十	万	千	百	十	元	角	分	
预收购货款	**银行存款**				**1**	**0**	**0**	**0**	**0**	**0**	**0**	**0**	**0**												
	预收账款	**市房产公司**														**1**	**0**	**0**	**0**	**0**	**0**	**0**	**0**	**0**	
合　计				**¥**	**1**	**0**	**0**	**0**	**0**	**0**	**0**	**0**	**0**		**¥**	**1**	**0**	**0**	**0**	**0**	**0**	**0**	**0**	**0**	

附件 1 张

会计主管：**董翠英**　记账：**赵依**　出纳：**何惠珠**　复核：**董翠英**　制单：**赵依**

图 1-1　收到 100 万时的记账凭证

记账凭证

2019 年 6 月 2 日　　　　**记字第 2 号**

摘　要	科　目		借方金额											贷方金额											√
	总账科目	明细科目	亿	千	百	十	万	千	百	十	元	角	分	亿	千	百	十	万	千	百	十	元	角	分	
退回购货款	**预收货款**	**市房产公司**			**1**	**0**	**0**	**0**	**0**	**0**	**0**	**0**	**0**												
	库存现金															**1**	**0**	**0**	**0**	**0**	**0**	**0**	**0**	**0**	
合　计				**¥**	**1**	**0**	**0**	**0**	**0**	**0**	**0**	**0**	**0**		**¥**	**1**	**0**	**0**	**0**	**0**	**0**	**0**	**0**	**0**	

附件 1 张

会计主管：**董翠英**　记账：**赵依**　出纳：**何惠珠**　复核：**董翠英**　制单：**赵依**

图 1-2　转出 100 万时的记账凭证

记账凭证

2019 年 6 月 2 日　　　　**记字第 3 号**

摘　要	总账科目	明细科目	√	借方金额									贷方金额								
				百	十	万	千	百	十	元	角	分	百	十	万	千	百	十	元	角	分
差旅费借支	**其他应收款**	**王婧**					**1**	**5**	**0**	**0**	**0**	**0**									
	库存现金															**1**	**5**	**0**	**0**	**0**	**0**
合　计						**¥**	**1**	**5**	**0**	**0**	**0**	**0**			**¥**	**1**	**5**	**0**	**0**	**0**	**0**

附件 1 张

会计主管：**董翠英**　记账：**赵依**　出纳：**何惠珠**　复核：**董翠英**　制单：**赵依**

图 1-3　预借差旅费的记账凭证

库存现金日记账

第1页

2019年		凭证号	摘要	对方科目	借方										贷方										核对号	余额									
月	日				千	百	十	万	千	百	十	元	角	分	千	百	十	万	千	百	十	元	角	分		千	百	十	万	千	百	十	元	角	分
			期末余额																											1	0	0	0	0	0
6	2	1	提取备用及发放工资				1	0	8	0	0	0	0	0														1	0	9	0	0	0	0	0
	5	2	现金送存银行																5	0	0	0	0	0				1	0	4	0	0	0	0	0
	14	3	收回备用金						1	0	0	0	0	0														1	0	5	0	0	0	0	0
	15	4	差旅费借款															1	5	0	0	0	0	0				9	0	0	0	0	0	0	0

图1-4　库存现金日记账

在次日的现金清查时，发现库存现金长款13 500元。

以上两例，哪个属于会计错误？哪个属于会计舞弊？

分析

会计错误也称为会计失误、会计过失，是指在会计工作中，由于会计人员或有关当事人的过失行为，造成制证、制表以及整理、计算和记账等过程中出现的错误。它是会计工作中出现的技术性问题，是客观原因造成的过失行为。【例1-2】中，由于出纳员的过失造成库存现金长款13 500元，但其主观上并没有侵吞这笔现金的企图，只是在记账时由于看错数位而发生的数字移位错误，属于会计错误事项。

会计舞弊也称为会计造假，是指会计人员或有关当事人为谋取不当利益，采取非法手段干涉或操纵会计处理的一种不法行为。它是行为人有目的、有预谋、有针对性的造假和欺诈行为。【例1-1】中，李经理、赵会计和出纳员为谋取不当利益，出借公司银行存款账户，有针对性地虚构经济业务，编制虚假会计分录，以非法手段进行会计处理，为他人违规套取现金1 000 000元，并各得10 000元的不当利益，属于会计舞弊事项。

会计错误和会计舞弊都不利于会计职能的充分发挥，都会造成会计资料与实际经济活动不符，都与会计准则、会计目的相悖。但在实际工作中，由于种种原因，会计错误与会计舞弊往往交织在一起，因此，正确区分会计错误与会计舞弊行为，定性处理至关重要。

二、会计错误与会计舞弊的区别

虽然会计错误和会计舞弊的表现形式相近或相同，但两者却有本质区别。

首先，会计错误无人为动机，而会计舞弊的行为人却怀有不良企图，有不可告人的动机。

其次，会计错误是由于客观原因造成的，一般没有人为伪装和掩饰，比较容易查找和发现；而会计舞弊是对会计资料进行人为地伪装和掩饰，通过虚构事实或隐瞒真相等手法，难以被发现。

再次，会计错误没有明确的受益人，当事人不能直接从中受益；而会计舞弊的当事人有明确目的，以从中谋取不当利益或侵占单位财物。

三、会计错误和会计舞弊的形式

（一）会计错误的主要形式

会计错误其发生往往与单位内部控制情况、会计人员的素质、工作态度和精神状态有关，主要有以下4种形式：

（1）会计原理应用错误。在会计科目设置、会计科目运用、账户的对应关系和会计凭证的填制等环节出现的错误。

（2）会计政策运用错误。由于会计人员对新准则、新制度、新政策的学习不够及时，不能准确把握会计政策而出现的错误。

（3）记账技术错误。在登记账簿时因漏记、重记、反记、错位以及相邻数字颠倒等而出现的错误。

（4）计算结果错误。在进行计算、汇总、分配、结账等计算过程中出现的错误。

（二）会计舞弊的主要形式

会计舞弊行为一般是通过会计凭证作弊的，主要表现在凭证中的数字书写、名称、日期、编号、摘要、汇总、凭证格式等不正确、不合法，以虚构事实或隐瞒真相。具体表现形式有：

（1）伪造会计凭证。以虚假的经济业务或者资金往来为前提，编制虚假会计凭证的行为。

（2）变造会计凭证。采取涂改、挖补或其他方法改变会计凭证真实内容的行为。

（3）伪造会计账簿。违反《中华人民共和国会计法》和国家统一的会计规定，根据伪造或者变造的虚假会计凭证填制会计账簿，或者不按要求登记账簿，或者对内对外采取不同的确认标准、计量方法等手段编造虚假的会计账簿的行为。

（4）变造会计账簿。采取涂改、挖补或者其他手段改变会计账簿真实内容的行为。

（5）编制虚假财务会计报告。违反《中华人民共和国会计法》和国家统一的会计规定，根据虚假的会计账簿编制财务会计报告，或者凭空捏造虚假的财务会计报告以及对财务会计报告擅自进行没有依据地修改的行为。

任务二　理解会计查账的意义

一、会计查账的含义

为了规范会计行为，保证会计资料的真实完整，加强经济管理和财务管理，提高经济效益，防止舞弊、控制风险，就必须依法对会计核算的过程及其结果进行监督。会计查账就是实现会计监督职能所广泛采用的一种方法，是进行会计监督的具体体现。

会计查账是以国家法律、法规、规定和单位内部会计制度为依据，运用专门的技术方法、经验和技巧，对单位的会计信息资料进行审查、分析和验证的一种经济监督行为。

一些单位虽然也按照制度规定建立了会计账簿，进行会计核算，但由于内部管理不完整，长期不进行库存物资的清点，存在许多盘盈、盘亏的问题，导致账实不符，为违法犯罪人员留下了做假账、侵占单位财物、损害集体利益的可乘之机。同时，由于一些会计人员的素质不高、责任心不强，工作马虎，特别是一些刚走上会计岗位的新手，由于经验不足，往往会出现工作上的错漏，从而影响了会计资料的真实性和合法性。因此，结合会计工作实际，有针对性地进行会计查账是一项非常重要的工作。

二、会计查账的意义

想一想

如果你是一家企业的老板，你是否需要掌握企业经济活动和资金运转的情况？如果要判定企业财务成果的真实性和合理性，你是否需要了解会计工作中存在的问题，防止贪污盗窃、确保企业各项财产物资的安全完整？你是否需要发现企业经营管理和内部控制制度中存在的问题，积极采取措施纠正错弊？你是否希望充分利用准确的会计信息资料预测经济前景，提高经济效益？你如何确定企业的财务人员都能做好本职工作呢？

会计查账是实现会计监督职能的手段之一。会计监督职能是会计按照一定的目的和要求，利用会计核算所提供的经济信息，对特定对象经济业务的合法性、合理性进行审查，同时控制相关合规风险，使之达到预期目标的功能。通过查账，能发现会计工作中存在的问题，促使会计人员提高政策水平和业务水平，增强法制观念和守法意识，防止或杜绝会计错弊行为的再次发生。同时，通过查账还能使企业管理人员及时掌握其经济活动和资金运转的情况，判定企业财务成果的真实性和合理性，发现经营管理中存在的问题，建立健全企业内部控制制度。

综上所述，会计查账有以下几点意义：

（1）保证企业经营管理目标的实现。通过查账，可以发现企业经营管理和资金使用中存在的问题，评价企业经营管理和资源利用的状况，找出与参照企业的差距，总结经验，促使企业管理人员有针对性地改变经营管理的手段，积极采取措施纠正错弊，合理筹措和调度资金，挖掘增产节支潜力，提高管理水平，确保企业经营管理目标的实现，增强企业的竞争能力。

（2）保护企业资产的安全完整。通过查账，可以揭露经济活动中各种违反财经纪律、行贿受贿、贪污盗窃等犯罪行为，对违法犯罪分子产生威慑作用，有利于打击经济领域中的犯罪，维护正常的经济秩序，促进经济健康发展；提高会计工作人员的责任心和业务水平，正确地进行财产物资的管理和核算，确保账实相符。

（3）保证会计记录的可靠性和及时性，提高会计信息质量。通过查账，可以确保企业为投资人、债权人以及宏观调控部门提供真实可靠的经济信息，为有关决策人充分利用会计信息资料和其他有关资料预测经营前景、进行经营决策提供依据。

（4）保证企业各项经济活动在法定范围内进行。通过查账，可以查明企业对国家有关法律、政策、制度以及财经纪律的遵守和执行情况，促使国家的方针政策得以贯彻执行，以更好地维护国家、投资人、债权人和企业职工的利益。

三、会计查账与审计的区别

会计查账与审计是两个不同的概念，两者之间有着密切的联系。查账是审计的部分内容，是审计的一个重要手段，许多审计项目都是通过查账的手段来发现疑点、寻找线索、揭露问题，没有查账作为基础，审计工作就无法进行。

但会计查账与审计之间又有着显著差别：

（1）主体不同。审计的主体是接受委托或根据授权，对被审计单位的经济活动进行审查并发表审计意见的独立的专门机构或人员。它与被审计单位必须是无任何利害关系的第三人，其审计意见具有独立性和权威性；会计查账的主体可以是单位内部的会计人员、稽核人员或是管理层指定的人员，也可以是财政、税务、银行和其他经济监督机构，他们与被查单位往往存在着一定的利害关系。

（2）范围不同。审计是对被审计单位的经济活动进行全面审查或专项审查，其审查范围不仅包括会计凭证、会计账簿和会计报表等会计资料，还包括会计制度设计、企业内部控制制度等内容；而会计查账一般仅限于会计凭证、会计账簿和会计报表等会计资料，范围要比审计小。

（3）效力不同。审计是由独立的第三方专业机构进行的，是对被查单位的经济活动进行的鉴证，其审计意见具有独立性和法律效力；而查账的目的主要是维持财经纪律、维持投资者的利益，是由非独立的监督机构或内部人员进行的，其查账意见不具有法律效力，若在查账中发现涉及经济案件的重大舞弊行为，在向司法机构提出诉讼时，还必须由专门的独立审计机构或司法鉴定机构鉴证后才具有法律效力。

思考题

1. 什么是会计错误？什么是会计舞弊？会计错误与会计舞弊有何区别？
2. 会计错误的形式有哪些？
3. 会计舞弊的主要形式有哪些？
4. 什么是会计查账？会计查账与审计有何区别？
5. 会计查账有何意义？

项目二 掌握会计查账的基本方法

学习目标

- 掌握会计查账的基本程序；
- 掌握会计查账的基本方法；
- 能正确使用会计查账的基本方法；
- 提高解决实际问题的能力。

会计查账通过审阅会计资料，从中寻找线索、发现疑点，并通过进一步的查证，最终揭露问题。在实际应用中，会计查账的方法是多种多样的，常用的基本方法有顺查法、逆查法、详查法、抽查法、审阅法、查询法、核对法、推论法和盘点法等。各种方法可以单独使用，也可以同时使用或交叉使用。

任务一　掌握顺查法和逆查法

一、顺查法

顺查法是按照会计核算的程序，根据会计业务处理的顺序依次进行检查的方法。其要点是先从审查原始凭证开始，核对记账凭证，审查会计账簿、会计报表，查账程序如图2-1所示。

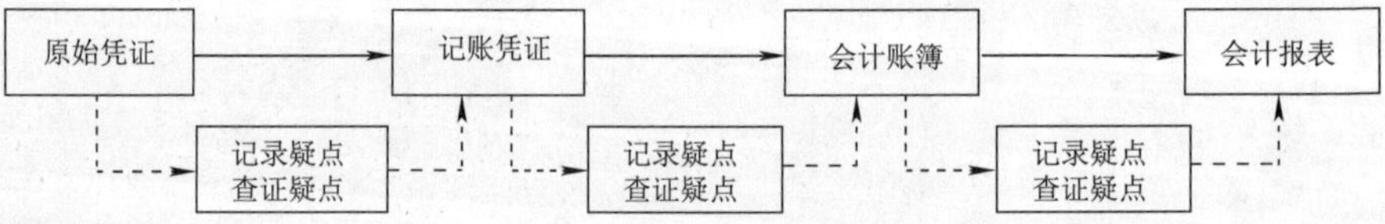

图2-1　顺查法查账程序

【例2-1】 查账人员8月10日在审查南宁市永丰有限责任公司6月份的原始凭证时，发现6月23日从氏文文化用品公司（简称氏文公司）购入格力挂式空调2台，查账时只看见1张发票（图2-2），未见付款凭证及验收单，查账人员因此决定了解其会计处理情况。

广西增值税普通发票
发票联

14201623501
NO 02036895
2019年6月23日

购方单位：南宁市永丰有限责任公司

品名及规格	货物或劳务名称	单位	数量	单价	余额											
					十	亿	千	百	十	万	千	百	十	元	角	分
格力挂式空调		台	2	4 800.00							9	6	0	0	0	0
											9	6	0	0	0	0
金额（大写）人民币⊗万玖仟陆佰零元零角零分				¥9 600.00												
备注：																

②付款方报销凭证

开票单位盖章　　复核人　　收款人　　开票人　周芸

图2-2　购入格力挂式空调的发票

涉及相关岗位

查账人员、业务经办人员、出纳、资产会计、财务部长。

查账流程

（1）审查原始凭证的合法性、真实性和有效性。

1）记录疑点。空调属于家电类商品，氏文文化用品公司也销售空调？

2）查证疑点。询问业务经办人员，也可向氏文文化用品公司询证。

（2）根据原始凭证核对记账凭证（图2-3），以查明记账凭证是否按实际用途如实填写。

记账凭证

2019年6月23日　　记字第6号

摘要	科目		借方金额									贷方金额									√
	总账科目	明细科目	百	十	万	千	百	十	元	角	分	百	十	万	千	百	十	元	角	分	
购入用品用具	低值易耗品	周转材料				9	6	0	0	0	0										
	应收账款	氏文公司													9	6	0	0	0	0	
合计					¥	9	6	0	0	0	0			¥	9	6	0	0	0	0	

附件1张

会计主管：董翠英　记账：赵依　出纳：何惠珠　复核：董翠英　制单：赵依

图2-3　记账凭证

1）记录疑点。挂式空调是高价耐用品，为什么作为“用品用具”在低值易耗品中列支？为何直接冲减应收账款？

2）查证疑点。询问资产会计、财务部长。

（3）根据记账凭证审查会计账簿（图2-4和图2-5），了解该项业务发生的来龙去脉。

应收账款明细账

明细科目：氏文公司

2019年		凭证号		摘要	借方											贷方											借或贷	余额											√
月	日	字	号数		亿	千	百	十	万	千	百	十	元	角	分	亿	千	百	十	万	千	百	十	元	角	分		亿	千	百	十	万	千	百	十	元	角	分	
1	1			上年结转																							借						9	7	2	0	0	0	
6	23	记	6	购入用品用具																	9	6	0	0	0	0	借							1	2	0	0	0	

图2-4　应收账款明细账

1）记录疑点。从应收账款明细账（图2-4）了解到，应收氏文文化用品公司的账款为上年结转，是否存在氏文文化用品公司因财务困难，资金周转不便，长期拖欠本公司的应收账款而以空调机来抵债的情况？

从低值易耗品明细账了解到，6月23日购入的空调已于6月28日领用，但用途不明。

2）查证疑点。询问资产会计、财务部长；同时再看氏文文化用品公司上年应收账款明细账及相关会计凭证，以证实是否发生销售行为。

低值易耗品明细账

明细科目：周转材料

2019年		凭证号		摘要	借方											贷方											借或贷	余额											√
月	日	字	号数		亿	千	百	十	万	千	百	十	元	角	分	亿	千	百	十	万	千	百	十	元	角	分		亿	千	百	十	万	千	百	十	元	角	分	
1	1			期初余额																							借						5	0	0	0	0	0	
6	23	记	6	购入用品用具						9	6	0	0	0	0												借					1	4	6	0	0	0	0	
	28	记	12	领用																	9	6	0	0	0	0	借						5	0	0	0	0	0	

图2-5　低值易耗品明细账

（4）查看6月28日第12号记账凭证（图2-6）。

记账凭证

2019年6月28日　　　　　　　　　　　　　　记字第12号

摘要	科目		借方金额									贷方金额									√
	总账科目	明细科目	百	十	万	千	百	十	元	角	分	百	十	万	千	百	十	元	角	分	
领　用	管理费用					9	6	0	0	0	0										
	低值易耗品	周转材料													9	6	0	0	0	0	
合　计					¥	9	6	0	0	0	0			¥	9	6	0	0	0	0	

附件1张

会计主管：**董翠英**　记账：**赵依**　出纳：**何慧珠**　复核：**董翠英**　制单：**赵依**

图2-6　第12号记账凭证

1）记录疑点。为何在领用空调机时将其价值一次性计入管理费用？

2）查证疑点。询问资产会计、财务部长。

查账结论

经查证，南宁市永丰有限责任公司上年销售一批商品给氏文文化用品公司，共计货款9 720元，但氏文文化用品公司因财务困难，资金周转不便，因而长期拖欠南宁市永丰有限责任公司的销货款，后经双方协商，南宁市永丰有限责任公司6月23日同意氏文文化用品公司以两台自用的八成新柜式空调作价9 600元来抵债，并放弃120元差价。该笔业务符合债务重组条件，应作为债务重组会计事项进行账务处理。

经询问，以债务重组方式换入的空调机作为低值易耗品入账，然后在领用时将其价值一次性计入管理费用是为了调低当期利润，达到少交所得税的目的。

查账结束后，应及时进行会计事项调整，更正错账。

会计调整

由于该笔会计事项发生在本会计报告年度之内，只需作为会计错账更正即可。

（1）冲销6月份第6号记账凭证，用红字做会计分录，如图2-7所示。

借：低值易耗品——周转材料　9 600

　　贷：应收账款——氏文公司　9 600

更正6月份第6号记账凭证，分录如图2-8所示：

借：固定资产——空调　9 600

　　营业外支出——债务重组损失　120

　　贷：应收账款——氏文公司　9 720

记账凭证

2019年8月10日　　　　记字第20号

摘要	科目		借方金额									贷方金额									√
	总账科目	明细科目	百	十	万	千	百	十	元	角	分	百	十	万	千	百	十	元	角	分	
冲销2019年6月份　第6号凭证	低值易耗品	周转材料				9	6	0	0	0	0										
	应收账款	氏文公司													9	6	0	0	0	0	
合计					¥	9	6	0	0	0	0			¥	9	6	0	0	0	0	

附件1张

会计主管：董翠英　记账：赵依　出纳：何慧珠　复核：董翠英　制单：赵依

图2-7　冲销6月份第6号记账凭证

记账凭证

2019年8月10日　　　　记字第26号

摘要	科目		借方金额									贷方金额									√
	总账科目	明细科目	百	十	万	千	百	十	元	角	分	百	十	万	千	百	十	元	角	分	
更正2019年6月份　第6号凭证	固定资产	空调				9	6	0	0	0	0										
	营业外支出	债务重组损失					1	2	0	0	0										
	应收账款	氏文公司													9	7	2	0	0	0	
合计					¥	9	7	2	0	0	0			¥	9	7	2	0	0	0	

附件1张

会计主管：董翠英　记账：赵依　出纳：何慧珠　复核：董翠英　制单：赵依

图2-8　更正6月份第6号记账凭证

（2）冲销6月份第12号记账凭证，用红字作分录，如图2-9所示。

借：管理费用　9 600

　贷：低值易耗品——周转材料　9 600

记账凭证

2019年8月10日　　　　记字第30号

摘要	科目		借方金额									贷方金额									√
	总账科目	明细科目	百	十	万	千	百	十	元	角	分	百	十	万	千	百	十	元	角	分	
冲销2019年6月份　第12号凭证	管理费用					9	6	0	0	0	0										
	低值易耗品	周转材料													9	6	0	0	0	0	
合计					¥	9	6	0	0	0	0			¥	9	6	0	0	0	0	

附件1张

会计主管：董翠英　记账：赵依　出纳：何慧珠　复核：董翠英　制单：赵依

图2-9　冲销6月份第12号记账凭证

顺查法应用起来简单、系统、全面，可以避免遗漏，容易发现问题，但重点不突出，工作量大，且费时、费力，不利于提高工作效率。一般适用于业务规模不大或管理工作混乱、财务制度不健全、账目不清、存在严重问题的单位。

二、逆查法

逆查法与顺查法有什么关系呢？是不是倒过来查啊？

逆查法是按照与会计核算程序相反的顺序查账的一种方法。其要点是先从审阅会计报表开始，发现疑点后再进一步审查会计账簿、记账凭证，最后追溯到原始凭证上，查账程序如图2-10所示。

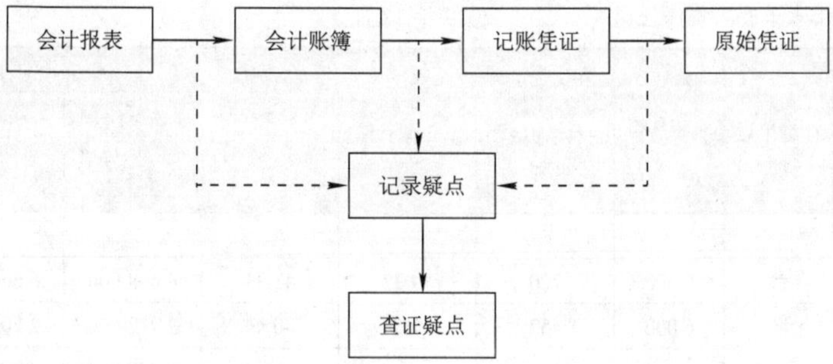

图2-10 逆查法查账程序

【例2-2】 查账人员2020年2月18日在审查南宁市永丰有限责任公司2019年会计报表时，发现利润表中“营业成本”项目的本期金额与上一期金额相比有异常变化，因此决定将其列为查账重点，对其所涉及的相关资料进行追踪审查。

涉及岗位

查账人员、车间领料员、成本核算会计、财务部长

查账流程

（1）审阅会计报表各有关项目之间的勾稽关系。注意观察是否存在异常情况，如果发现某一会计科目的发生额或余额与以前年度相比出现异常变化，则可将其列为查账重点（图2-11）。

1）记录疑点。“营业收入”项目本期金额比上期金额增加4.92%，其他项目金额的变化也不大，但营业成本项目本期金额与上期金额相比却增加44. 16%，造成营业成本大幅上升的原因是什么呢？

利润表（简表）

会企 02 表

编制单位：南宁市永丰有限责任公司　　2019 年 12 月　　单位：元

项　目	本期金额	上期金额
一、营业收入	9 746 000	9 289 000
减：营业成本	9 304 800	645 420
税金及附加	875 400	843 200
销售费用	468 000	489 000
管理费用	643 900	621 780

图 2-11　利润表（简表）

2）查证疑点。询问成本核算会计、财务部长；查看“产品生产成本表”等具有勾稽关系的相关报表，确定造成营业成本大幅上升的关键对象（图2-12）。

产品生产成本表

编制单位：南宁市永丰有限责任公司　　2019 年 12 月　　单位：元

产品名称		计量单位	实际产量	单位成本			本年累计总成本		
				上年实际平均	本年累计实际平均	增减（%）	按上年实际平均单位成本计算	本年实际	增减（%）
可比产品合计									
其中	吸尘器	台	6 400	720	1 032	43.33	4 608 000	6 604 800	43.33
	电吹风	部	6 000	452	452	–0.44	2 712 000	2 700 000	–0.44
全部产品合计							7 320 000	9 304 800	27.11

图 2-12　产品生产成本表

（2）审查会计账簿。“产品生产成本表”中发现，吸尘器的单位成本比上期增加了43.33%，上升幅度较大。为了解其他单位成本增加的原因，应审查吸尘器的“生产成本明细账”（图2-13）。

生产成本明细账

产品名称：吸尘器

2019 年		凭证		摘　要	合　计	直接材料	直接人工	制造费用
月	日	字	号数					
1	1			期初余额	1 323 560	121 360	27 700	82 260
12	4	记	3	生产领用材料	694 000	694 000		
12	10	记	8	生产领用材料	702 000	702 000		
12	16	记	19	生产领用材料	699 400	699 400		
12	24	记	23	生产领用材料	733 500	733 500		
12	24	记	26	分配工资费用	460 000		460 000	
12	25	记	31	生产领用材料	2 028 800	2 028 800		
12	26	记	35	分配制造费用	570 800			570 800
12	31	记	38	结转完工成本	6 604 800	5 698 325	415 243	492 232
12	31			期末余额	607 260	372 975	72 457	161 828

图 2-13　生产成本明细账

1）记录疑点。12月4日、10日、16日、24日生产吸尘器领用材料的时间间隔、金额一般无大的波动变化，但12月24日刚领用材料733 500元，25日第31号记账凭证反映又领用材料2 028 800元，且金额远远大于正常领用的情况，为什么？是否存在记账时看错科目记错账？

2）查证疑点。询问成本核算会计；从吸尘器的“生产成本明细账”只能看到25日第31号记账凭证领用材料的记录有疑点，必须查看12月25日第31号记账凭证，确定其记账依据是否正确（图2-14）。

记账凭证

2019年12月25日　　　　记字第31号

摘　要	科　目		借方金额											贷方金额											√
	总账科目	明细科目	亿	千	百	十	万	千	百	十	元	角	分	亿	千	百	十	万	千	百	十	元	角	分	
生产领用材料	生产成本	吸尘器			2	0	2	8	8	0	0	0	0												
	原材料															2	0	2	8	8	0	0	0	0	
合　计				¥	2	0	2	8	8	0	0	0	0		¥	2	0	2	8	8	0	0	0	0	

附件1张

会计主管：**董翠英**　记账：**赵依**　出纳：**何慧珠**　复核：**董翠英**　制单：**赵依**

图2-14　记账凭证

（3）审查记账凭证。

1）记录疑点。从记账凭证中可以看出，生产吸尘器领用材料的记账依据是正确的，不存在记错账户的情况，但记账凭证中未列出领用材料的明细科目，是否所领材料不是用于吸尘器的生产？

2）查证疑点。询问车间领料员、财务部长、成本核算会计；查看“领料单”，确定领用材料的用途。

（4）审查原始凭证。通过审查原始凭证（即领料单），查明领用材料的部门和材料的用途是否真实（图2-15）。

1）记录疑点。从“领料单”中可以看出，该笔材料是工程队领用，不是吸尘器生产车间为生产产品而领用的，但为什么要计入生产成本呢？

2）查证疑点。询问车间领料员、财务部长、成本核算会计；必要时可到实地查看。

查账结论

（1）经询问，公司财务部长如实说明了情况。原来是公司准备全面改造吸尘器生产车间，将工程用材料的成本直接计入产品的生产成本之中；同时，产品销售后，由于结转

发货仓库：　　　　　　　　　　　　　　**领　料　单**

第 18 号：　　　　　　　　　　2019 年 12 月 25 日　　领料单位：吸尘器生产车间（工程队）

类　别	编　号	名称型号	单位	应发数量	实发数量	单位成本	金额
		防电塑胶板	块	18 000	18 000	48	864 000
		泡沫隔热板	m^2	7 860	7 860	131	4 029 660
		其他装修材料					135 140
合　计							2 028 800

第三联　财务记账

填单：　　　　负责人：　　　　经发：　　　　保管：

图 2-15　领料单

的营业成本也相应提高，还可以调低当期利润，达到少交所得税的目的。

（2）查账结束后，应及时进行会计事项调整，更正错账。

会计调整

由于该笔会计事项发生在2019会计报告年度，而查账时间是2020年2月份（假设2019年度财务报告已经批准报出，该企业的增值税税率为13%，所得税税率为25%，按净利润的10%计提法定盈余公积金），所发现的错账更正属于前期差错更正。

（1）增加固定资产或在建工程会计分录如图2-16所示：

借：固定资产（或在建工程）2 028 800

　　贷：以前年度损益调整　2 028 800

记账凭证

2020 年 2 月 15 日　　　　记字第 55 号

摘　要	科目		借方金额											贷方金额											√
	总账科目	明细科目	亿	千	百	十	万	千	百	十	元	角	分	亿	千	百	十	万	千	百	十	元	角	分	
调整上年度损益	固定资产	生产经营固定资产			2	0	2	8	8	0	0	0	0												
	以前年度损益调整															2	0	2	8	8	0	0	0	0	
合　计				¥	2	0	2	8	8	0	0	0	0		¥	2	0	2	8	8	0	0	0	0	

附件　张

会计主管：董翠英　记账：赵依　出纳：何慧珠　复核：董翠英　制单：赵依

图 2-16　增加固定资产或在建工程

（2）调整应交所得税（2 028 800×25%）（图2-17）：

借：以前年度损益调整　　507 200

　　贷：应交税费——应交所得税　　507 200

记账凭证

2020 年 2 月 15 日　　　　记字第 56 号

摘要	科目		借方金额											贷方金额											√
	总账科目	明细科目	亿	千	百	十	万	千	百	十	元	角	分	亿	千	百	十	万	千	百	十	元	角	分	
调整上年度损益	以前年度损益调整					5	0	7	2	0	0	0	0												
	应交税费	应交所得税															5	0	7	2	0	0	0	0	
合计					¥	5	0	7	2	0	0	0	0			¥	5	0	7	2	0	0	0	0	

附件　张

会计主管：**董翠英**　记账：**赵依**　出纳：**何慧珠**　复核：**董翠英**　制单：**赵依**

图 2-17　调整应交所得税

（3）将净额1 521 600元（2 028 800−507 200）转入未分配利润（图2-18）：

借：以前年度损益调整　　1 521 600

　　贷：利润分配——未分配利润　　1 521 600

记账凭证

2020 年 2 月 15 日　　　　记字第 57 号

摘要	科目		借方金额											贷方金额											√
	总账科目	明细科目	亿	千	百	十	万	千	百	十	元	角	分	亿	千	百	十	万	千	百	十	元	角	分	
调整上年度损益	以前年度损益调整				1	5	2	1	6	0	0	0	0												
	利润分配	未分配利润														1	5	2	1	6	0	0	0	0	
合计				¥	1	5	2	1	6	0	0	0	0		¥	1	5	2	1	6	0	0	0	0	

附件　张

会计主管：**董翠英**　记账：**赵依**　出纳：**何慧珠**　复核：**董翠英**　制单：**赵依**

图 2-18　将净额 1 521 600 元转入未分配利润

（4）调整利润分配（1 521 600×10%）（图2-19）：

借：利润分配——未分配利润　152 160

　　贷：盈余公积——提取法定盈余公积　152 160

逆查法能够抓住重点，迅速突破问题，省时省力，有利于提高查账工作效率，但容易出现疏漏，不易发现小问题。它一般适用于大中型企业以及内部控制制度健全、业务量较大的企业；同时，对查账人员的水平和工作经验也有较高的要求。

记账凭证

2020 年 2 月 15 日　　　　记字第 58 号

摘要	科目		借方金额											贷方金额											√
	总账科目	明细科目	亿	千	百	十	万	千	百	十	元	角	分	亿	千	百	十	万	千	百	十	元	角	分	
调整上年度损益	利润分配	未分配利润				1	5	2	1	6	0	0	0												附
	盈余公积	提取法定盈余公积															1	5	2	1	6	0	0	0	件
																									张
合计					¥	1	5	2	1	6	0	0	0			¥	1	5	2	1	6	0	0	0	

会计主管：**董翠英**　记账：**赵依**　出纳：**何慧珠**　复核：**董翠英**　制单：**赵依**

图 2-19　调整利润分配

任务二　掌握详查法和抽查法

一、详查法

详查法是对被查单位查账期间的全部会计资料和其他经济活动资料进行全面、详细审查的一种方法。详查法既要对被查项目所涉及到的全部会计凭证、会计账簿、会计报表等资料进行审查，又要分析其他相关经济资料，虽然其查账结果比较准确、全面、科学，但工作量较大，费时费力。因此，它一般只适用于经济业务较少、管理混乱、账目不清的单位，或是为了揭露重大问题而进行的专案审查。

详查法在实际应用中，多采用顺查法的方式对被查单位的全部会计资料和其他有关资料逐一进行全面、详细地审查。查账的程序和要点与顺查法相同，这里不再赘述。

二、抽查法

抽查法是查账人员运用抽样统计的原理，从被查资料中抽取部分样本进行审查，并据以推断总体情况的一种方法。在运用抽查法时，如果对被抽取的样本进行审查时没有发现问题，其余资料一般情况下也不用再审查了；反之，如果在抽取的样本中发现问题，则应根据具体情况，扩大抽查范围，如果发现问题较多或问题重大，则应改为详查法。

（一）随机抽查法

随机抽查法是查账人员采用相对随意的方式从大量的会计资料中抽取一部分样本进行审查。例如从某一年度的会计资料中抽取某个季度的会计资料进行审查。

（二）等间距抽查法

等间距抽查法是指将大量的会计资料按照一定的顺序排列，然后按照一定的间隔抽取样本进行审查。例如，将全年12个月的会计凭证按2个月为一个间隔，从1月开始，抽取1月、4月、7月、10月共4个月的会计凭证进行审查；将某个月的80张记账凭证按10张为1个间隔，从第3号开始，抽取第3号、14号、25号、36号、47号、58号、69号、80号共8张凭证进行审查。

想一想

有1本顺序1~200号的记账凭证，按中间10张为1个间隔，你应该抽取第n号共多少张作为样本呢?

（三）重点项目抽查法

重点项目抽查法是指查账人员根据以往的查账经验，确定某个比较容易出问题的或是过去曾经发生过重大问题的项目作为样本进行审查。例如，货币资金中的现金支出、销售收入中涉及应收账款的收入、固定资产报废处置时的清理收入等。

（四）疑点抽查法

疑点抽查法是指查账人员在查看会计资料和了解情况时，对相关人员所提供的情况不明白或产生疑问，从而确定抽查样本，有针对地进行审查。

想一想

查账人员2019年8月26日在核对某企业生产经营用固定资产明细账时发现以下资料（图2-20），请你仔细看一下，想一想，先记录疑点，然后说明如何查证疑点。

固定资产保管卡

<table>
<tr><td>固定资产名称</td><td>彩涂覆合生产线</td><td>出厂日期</td><td>2001年10月8日</td><td>用途</td><td>生产</td><td>固定资产使用部门</td><td>生产部门</td></tr>
<tr><td colspan="2">预计使用年限</td><td colspan="2">预计残余价值/元</td><td colspan="2">预计清理费/元</td><td colspan="2">预计大修理费/元</td></tr>
<tr><td colspan="2">10年</td><td colspan="2">3 000</td><td colspan="2">200</td><td colspan="2">800</td></tr>
<tr><td colspan="8">固定资产原始价值：</td></tr>
<tr><td colspan="2">买价/元</td><td>运杂费</td><td colspan="2">安装费</td><td colspan="2">其他费用/元</td><td>合计</td></tr>
<tr><td colspan="2">150 000</td><td>2 000</td><td colspan="2">5 000</td><td colspan="2">400</td><td>157 400</td></tr>
<tr><td colspan="8">验收人员签字：李娜</td></tr>
</table>

图2-20　固定资产保管卡

（1）记录疑点：______________________________

（2）查证疑点：______________________________

抽查法虽然能够避免繁重的工作，省时省力，有利于提高工作效率，但如果查账人员工作经验不足，所抽取的样本不具有代表性，则会影响查账结果的准确性。

任务三　掌握审阅法和核对法

一、审阅法

审阅法是指通过审查阅读会计资料，分析判断会计资料所反映信息的真实性、合法性和及时性的一种方法。运用审阅法时，不仅要从形式上审阅会计资料的格式是否正确、项目是否齐全、手续是否完整、口径是否一致，还要从内容上审阅会计资料所反映的经济业务是否真实，是否符合国家有关法律、法规，业务处理是否符合会计准则和会计制度的规定等。

运用审阅法查账的要点是：

（1）审阅会计资料的有效性。注意审阅会计资料的字迹、日期、数量、单价、金额等是否一致，特别是签章是否有涂改、变造和伪造的痕迹。

（2）审阅会计资料的经济业务是否真实、合法、合理。注意审阅会计资料反映的经济业务内容是否符合常理，是否符合事物发展的规律，是否符合国家有关法律、法规。

（3）审阅会计处理是否符合规范。注意审阅有关业务的会计处理是否符合会计准则和会计制度的规定，会计处理是否正确、计算口径是否一致。

（4）审阅会计资料的项目、手续是否齐全。注意审阅会计资料的审批、验收、领用、复核等手续是否齐全，有关责任人是否签名或盖章。

【例2-3】查账人员2019年8月26日在审阅南宁市永丰有限责任公司2019年6月份的原始凭证时发现一张借支单有疑点（图2-21），请你先仔细看一下，想一想，并记录疑点。

借　支　单

2019年6月21日

借款部门	业务科	职别	业务员	出差人姓名	李晖
借款事由	参加市工贸系统工作经验交流会差旅费				
借款金额人民币（大写）：		壹万壹仟陆佰伍拾元整			11 658.00
部门负责人审批意见：		孙立	公司负责人审批意见		

收款人：李晖

图2-21　借支单

疑点分析

（1）业务员在市区内参加市工贸系统工作经验交流会，需要预借1万多元的差旅费吗?

（2）一次性付出1万多元的现金是否违反现金管理规定? 是否存在坐支现金的情况?

（3）人民币小写金额前没有按规定书写货币符号“¥”。

（4）人民币大写金额与小写金额不符，大写金额为11650元，而小写金额为11658元。

（5）“公司负责人审批意见”栏内没有领导审批签名。

（6）小写金额前的“1”字比较粗大，大写金领前的“壹万”这两个字的字体也与后面的字体不同，结合小写金额前没有按规定书写货币符号“¥”来分析，“1”和“壹万”这两个数字是后来添加上去，以此来贪污企业资金的可能性比较大。

采用审阅法审查会计资料时，要求查账人员必须熟悉各种原始凭证的填写规定，掌握有关法律、法规制度，了解业务办理的流程，熟悉被查单位的业务情况，便于发现和揭露问题。如【例2-3】中，查账人员要熟悉现金支出的有关规定，了解被查单位库存现金限额规定，熟悉大小写金额的书写要求和借款审批程序，熟悉被审单位当地的环境状况等，才能判断借支多少差旅费属于合理的范围。同时，还要了解违法分子经常采用的造假手段和方式才能更好地查找并发现问题。

二、核对法

核对法是指将两种或两种以上相互关联的会计资料进行交叉核对，以验证其内容是否一致、计算是否正确的一种方法。各种账证、账表、账账、账实之间存在着必然的联系，因此，利用会计资料中客观存在的固有关系，通过进行证证核对（原始凭证与记账凭证核对，如图2-2和图2-3所示）、账证核对（会计账簿与记账凭证核对，会计部门与销售部门、仓库部门经管的账簿核对等）、账实核对（现金日记账与库存现金核对，存货明细账与库存存货实物核对，固定资产明细账与各部门经管的固定资产实物核对等）、账表核对（会计账簿与会计报表核对）和表表核对（各种具有勾稽关系的会计报表有关项目之间的核对，如图2-13和图2-14所示），可以发现其中某些内容不相符的问题，并以此为线索，追踪查证会计资料中的错弊问题。

任务四　掌握查询法、推论法和盘点法

一、查询法

查询法是指查账人员在查账过程中发现了问题或疑点，通过向被查单位的有关人员以及有关业务往来单位的相关人员调查询问，以查证书面资料中未能详尽提供的信息及其存在的问题的一种方法。查询法的目的是使书面资料成为切实可靠的证据。在实际应用时，可根据具体情况或工作需要采用面询或函询来查证。

（一）面询

面询是指当面向有关经办人员或知情人员询问，是会计查账过程中最常用的方法之一。当查账人员在审阅会计资料中发现疑点或遇到不明白的事项时，一般都会采用当面询问的方式要求有关人员进行解释，并从有关人员的解释中去判断被查事项的真实性和合法性，或在有关人员的解释中去发现更多的疑点和线索，以便进一步开展查证工作。

（二）函询

函询也叫函证，是指使用信函的方式向异地有关业务的往来单位进行求证。函证的方式有两种：

（1）求证式函证。求证式函证是在函询时向对方列出求证事项或金额，以求得对方肯定或否定的答案。

【例2-4】 南宁市永丰有限责任公司2020年2月18日委托同新会计师事务所对该公司2019年度财务会计报告进行审计时发现，应收账款明细账上列明，应收上海如意设备公司销货款287 00元已挂账多年，为确定该笔应收账款的真实性，查账人员决定采用函询的方式求证。

求证式询证函参照格式如图2-22所示。

（2）求问式函证。求问式函证在询证时要求对方列出求证事项或者金额，然后与被查事项或者金额进行核对，以确定求证结果。求问式询证函参考格式如图2-23所示。

查询法不仅可以用来审查书面资料，还可以用来证实客观事实，它适用于不能盘点或者观察的债权、债务的真实性地查证。

询　证　函

编号：南宁262-08-2-6

上海如意设备公司：

本公司现聘请同新会计事务所对本公司2019年度财务会计报告进行审计，因查账工作需要，按照中国注册会计师独立审计准则的要求，应当询证本公司与贵公司的往来账项等事项。截至2019年12月31日止，本公司与贵公司往来款项列示如下：

项目	贵公司欠	欠贵公司
销货款	287 000元	

若款项已在上述日期之后付清，仍请及时复函为盼。

南宁市永丰有限责任公司

2020年2月18日

数据证明无误

盖章：　　　　年　月　日

数据不符：

贵公司账面数：

盖章：　　　　年　月　日

图2-22　求证式询证函

询　证　函

编号：南宁262-08-2-7

上海如意设备公司：

本公司现聘请同新会计师事务所对本公司2019年度财务会计报告进行审计，因查账工作需要，按照中国注册会计师独立审计准则的要求，应当询证本公司与贵公司的往来款项等事项。请贵公司将截至2019年12月31日止，与本公司往来款项在下表中列示：

项目	贵公司欠	欠贵公司

若款项已在上述日期之后付清，仍请及时复函为盼。

南宁市永丰有限责任公司

2020年2月18日

图2-23　求问式询证函

二、推论法

推论法是指对会计资料上反映的数字或者事项，运用逻辑推理的方式推测和判断其可能存在问题的一种方式。推论法要求查账人员首先阅读有关会计资料，对其相关项目的内在联系或异常数字进行反复推敲，从中发现线索，然后结合其他方法深入查证。

【例2-5】 查账人员在对南宁市永丰有限责任公司2019年度财务会计报告进行审阅时，发现资产负债表“存货”项目的金额发生了异常波动，核对利润表“营业成本”项目栏时也发现有异常波动。查账人员根据资产负债表（图2-24）和利润表（图2-25）资料推论和分析如下：

资产负债表（简表）

编制单位：南宁市永丰有限责任公司　　2019 年 12 月 31 日　　单位：元

资产	期末余额	年初余额	负债或所有者权益（或股东权益）	期末余额	年初余额
流动资产：			流动负债：		
货币资金	3 737 938	2 660 944	短期借款	642 600	907 200
交易性金融资产	83 916	76 032	交易性金融负债		
应收票据	144 000	108 000	应付票据	336 132	405 216
应收账款	3 701 450	1 880 550	应付账款	1 383 570	1 541 160
预付款项	382 914	257 076	预收款项	146 268	180 684
应收利息			应付职工薪酬	824 441	507 294
应收股利	2 130 552	240 060	应交税费	545 544	399 888
其他应收款	376 110	684 684	应交利息		
存货	63 282	3 475 754	应交股利	1 623 240	1 423 998
固定资产	6 089 726	5 414 022	预计负债		
在建工程	121 425	797 129	递延所得税负债		
工程物资			其他非流动负债		
固定资产清查			非流动负债合计		

图 2-24　资产负债表示意图

利　润　表（简表）

编制单位：南宁市永丰有限责任公司　　2019 年 12 月　　单位：元

项　　目	本期金额	上期金额
一、营业收入	5 704 120	6 689 000
减：营业成本	3 233 216	3 465 600
税金及附加	250 406	347 880
销售费用	310 700	123 000
管理费用	439 270	217 800
财务费用	460 270	864 800
资产减值损失		

续表

项　　目	本期金额	上期金额
加：公允价值变动损益（损失以“–”号填列）		
投资收益（损失以“–”号填列）	82 900	68 600
其中：对联营企业和合营企业的投资收益		
二、营业利润（亏损“–”）号填列	1 092 848	1 738 520
加：营业收入	57 843	65 000
减：营业外支出	18 460	36 824

图 2-25　利润表示意图

（1）记录疑点。资产负债表中“存货”年初数为3 475 754元，期末数为63 282元，减少了3 412 472元。本期存货为什么会大幅度减少呢？

（2）疑点推论。

推论一：领用存货生产产品，并将产品全部出售；

推论二：将库存存货（如原材料，库存商品）对外出售；

推论三：工程领用存货；

推论四：对外投资转出存货；

推论五：发生意外灾害损失；

推论六：存货已销售，但却隐瞒收入。

（3）疑点分析。

分析一：领用材料生产产品，不论在产品还是库存商品，如果不对外出售，存货金额不会发生变化：如果将存货销售出去，其成本必结转至“主营业务成本”或“其他业务成本”，并在利润表中的“营业成本”项目栏内反映出来。但利润表中的营业成本没有增加，其发生额比存货减少的金额还要小，由此可以得出推论一和推论二不成立。

分析二：工程领用存货，在存货减少的同时必然会使固定资产或在建工程增加。从资产负债表中可见，固定资产期末数虽比期初数增加675 704元，但在建工程却同时减少了675 704元，固定资产的增加应为在建工程完工转入，且增加的金额也与存货减少的金额相差太远。因此，推论三不成立。

分析三：对外投资转出存货与工程领用存货的道理相同。在减少存货的同时必然会增加长期股权投资等项目的金额，资产负债表中没有反映出对外投资的资料，因此，推论四不成立。

分析四：发生意外灾害造成的损失也会通过“营业外支出”项目反映在利润表内，而利润表的“营业外支出”项目栏中只有18 460元，推论五也不成立。

分析五：资产负债表中“货币资金”项目和“应收账款”项目所列金额期末数比期

初数有较大幅度增加，但利润表“营业收入”项目所列金额并无相应的增加，因此，该公司将存货销售出去后不列入收入，而是直接结转存货成本，并确认银行存款及应收账款的可能性较大，推论六有可能成立，应将其列为审查的重点。

在实际应用中，推论法只是运用逻辑推理的方式对问题进行大致判断，但不能以此下结论。当查账人员运用推论法对问题发生的可能性作出判断后，还应结合其他方法进行查证。

三、盘点法

盘点法是指通过对单位的财产物资进行实地盘点，以确定账实是否相符以及财产物资的完整程度的一种方法。盘点法主要用来对单位实物资产进行检查，如现金、原材料、库存商品、在产品、低值易耗品、包装物、固定资产和有价证券等。通过对实物资产的清点、计量、检查和核对，并将盘点结果与单位的账目进行核对，以此来证实账面所反映的财产物资是否确实存在、是否完好无损。

盘点法又可分为直接盘点法和监督盘点法两种。

（一）直接盘点法

直接盘点法是指由查账人员亲自到现场进行实物盘点，以证实书面资料同有关的财产物资账实相符的方法。盘点时，被查单位物资保管的人员必须参与现场盘点，并做好盘点记录。这种方法一般适用于数量较小但价值较高、容易出现问题的财产物资的盘点。

（二）监督盘点法

监督盘点法是指由被查单位的财产经管人员或其他有关人员进行实物盘点，查账人员亲临现场，但并不亲自动手盘点，而是在旁监督，借以证实书面资料和实物相符的方法。这种方法一般适用于数量较大或技术性较强的实物盘点。

需要说明的是，不论采用直接盘点法还是监督盘点法，都应在盘点前结清有关财产物资账目，确定账目记录是否正确；盘点时要认真做好盘点记录，并且要有被查单位经管人员和主管人员签字盖章，查账人员也要签字盖章，共同对盘点结果承担责任。

思考题

1. 什么是顺查法？简述顺查法的查账程序及其优缺点。

2. 什么是逆查法？简述逆查法的查账程序及其优缺点。

3. 什么是详查法和抽查法？详查法和抽查法各有何优缺点？

4. 什么是审阅法？审阅法查账的要点是什么？

5. 什么是核对法？核对法核对的内容有哪些？

6. 什么是查询法？查询法有哪几种？

7. 什么是盘点法？盘点法有哪几种？

练习题

1. 查账人员在审查公司6月份的会计凭证时，决定从001至300号记账凭证中等距抽取50张进行审查，假定随机起点为第036号，要求：（1）计算抽样间隔；（2）依次抽取的第50张凭证号码是多少？

2. 查账人员在审查公司6月份的应收账款时，将所有应收账款明细账列入表2-1中，请根据表2-1中的资料选择函证对象，说明理由，并填写询证函。

表2-1　应收账款明细账

单位名称	应收金额	账龄
天津市东方贸易公司	2 500	5年
西安市方方机电公司	500 800	4个月
山东省仓河贸易公司	688 000	3年
白色五金农业开发公司	4 765 700	1个月

3. 查账人员在审查公司6月份会计凭证时，发现以下支出计入“管理费用”账户中，请运用审阅法分析其中存在的问题。

（1）付管理部门水电费680元。

（2）产品推销员报销差旅费1 290元。

（3）付业务招待费5 000元。

（4）付律师费20 000元。

（5）付产品广告费90 000元。

（6）付税收滞纳金3 000元。

（7）应收票据贴现利息25 000元。

（8）行政人员工资14 800元。

项目三
审查会计凭证及会计账簿

学习目标

- 掌握会计凭证数字地书写与辨认；
- 掌握原始凭证审查的要点；
- 掌握记账凭证审查的要点；
- 掌握会计账簿审查的要点；
- 能正确审查会计凭证、会计账簿的错弊行为；
- 养成细心严谨、精益求精的品质。

任务一 审查会计凭证

一、掌握会计凭证的种类和填制要求

（一）会计凭证的含义

会计凭证是指记录经济业务交易、事项，明确经济责任，并据以登记会计账簿的书面证明。

会计凭证是会计资料的主要内容，也是会计核算的基本内容。任何单位在处理交易、事项时，都必须由经办业务的有关人员根据有关规定和程序，对经济活动过程作出完整地书面记录，填制会计凭证，并在会计凭证上签名盖章，以示对该凭证所涉及的交易、事项的合法性、真实性、完整性负责。任何会计凭证都必须经过有关人员的严格审查并确认无误后，才能作为记账依据。正确地填制和审核会计凭证，是会计核算的基本方法之一，是会计核算工作的起点，也是企业财务管理中不可缺少的基础工作。

（二）会计凭证的种类

会计凭证按其填制的程序和用途不同，可分为原始凭证和记账凭证两类。

原始凭证是指在交易、事项发生或完成时取得或填制的，用以记录或证明交易、事项发生或完成情况的原始单据。如领料单（图3-1）、收据、工资表、发票等。原始凭证是会计核算工作的原始资料，是会计资料中最具法律效力的书面证明之一。

领　料　单

发货仓库：　　　　　　　　　　　　　　　　　　　　　　提货单位

第　　号：　　　　　　　　　　　　　　　　　　　　　　年　月　日

类　别	编　号	名称型号	单　位	应发数量	实发数量	单位成本	金　额
合　计							

第三联　财务记账

填单：　　　　　　负责人：　　　　　　经发：　　　　　　保管：

图3-1　领料单示意图

记账凭证是指会计人员根据审核无误的原始凭证，按照经济业务的内容加以归类，并据以确定会计分录后所填制的会计凭证。记账凭证根据复式记账法的基本原理，遵循账户的对应关系，确定应借、应贷的会计科目及金额，将原始凭证中的一般数据转化为会计语言，并据以登记账簿（图3-2）。

记账凭证

年　月　日　　　　　　　　　　　　　　字第＿号

摘　要	科　目		借方金额											贷方金额											√
	总账科目	明细科目	亿	千	百	十	万	千	百	十	元	角	分	亿	千	百	十	万	千	百	十	元	角	分	
合　计																									

附件　　张

会计主管：　　　记账：　　　出纳：　　　复核：　　　制单：

图3-2　记账凭证示意图

（三）会计凭证数字书写的一般要求

对于会计凭证中的数字，应按规定进行规范性书写，做到字迹清晰、书写工整、用字规范。掌握正确、规范的数字书写方法，对审阅会计资料，识别会计凭证中数字地涂改、添加、伪造和错误十分重要。具体要求如下：

（1）大写金额数字必须使用“零、壹、贰、叁、肆、伍、陆、柒、捌、玖、拾、佰、仟、万、亿”等汉字，不得使用简化或自制的汉字。

（2）阿拉伯金额数字前应当标明货币币种符号（如¥、$等），币种符号与阿拉伯金额数字之间不得留有空白。

¥216.00（正确）　　¥　216.00（错误）

所有以元为单位的阿拉伯数字，除表示单价等情况外，一律填写到分位；无角无分的，角位和分位可写“00”，或者符号“—”；有角无分的，分位应当写“0”，不得用符号“—”代替。如：

“人民币贰佰壹拾陆元整”应写成“¥216.00或者¥216.—”
不能写成“¥216”

“人民币贰拾陆元捌角整”应写成“¥26.80”
不能写成“¥26.8或者¥26.8—”

（3）填写大写金额时，对没有预印固定的金额计量单位序列（如万、仟、佰、拾、元、角、分）的原始凭证，大写金额数字到元或者角为止的，在“元”或者“角”之后应当写“整”字或者“正”字；大写金额数字有分位的，“分”字后面不能写“整”或“正”字。

（4）大写金额数字前未印有货币名称的，应当加填货币名称（如人民币、美元等），货币名称与大写金额数字之间不得留有空白。如“¥385.00”应写成“人民币叁佰捌拾伍元整”（图3-3）。

收　据

2019年6月25日

今收到：李亚红

交　来：6月份水电费

人民币（大写）：⊗万⊗仟叁佰捌拾伍元整　　¥385.00

经办人：陈一　　收款人：何惠珠

图3-3　收据示意图

阿拉伯金额数字中间有“0”时，汉字大写金额要写“零”字，阿拉伯数字中间连续有几个"0"时，汉字大写金额中可以只写1个"零"字。如：

> "¥1 008.10"　可以写成　"人民币壹仟零捌元壹角整"

阿拉伯金额数字元位是"0"，或者数字中间连续有几个"0"，元位也是"0"，但角位不是"0"时，汉字大写金额可以只写1个"零"字，也可以不写"零"字。如：

> "¥80 010.56"　可写成"人民币捌万零壹拾元零伍角陆分"
> 也可以写成"人民币捌万零壹拾元伍角陆分

> "¥5 000.01"　可以写成　"人民币伍仟元零壹分"

上岗一试

李明阳2019年6月18日交来代收的5月份摩托车保管费988.65元，请在图3-4的收据中填写。

收　据

年　月　日

今收到：______________________________

交　来：______________________________

人民币（大写）：______________________　¥________

经办人：　　　　　　　　　　　　　收款人：

图3-4　收据示意图

（5）填写大写金额时，对预印有固定的金额计量单位序列的原始凭证，前面没有填写金额数字的多余空位必须删除，可用"×"外面加一个圆圈的符号表示；阿拉伯金额数字中间或者末尾的"0"，应填写为"零"字，有多少个"0"就填写多少个"零"字（图3-5）。

收　据

2019年6月25日

今收到：李亚红

交　来：6月份水电费

人民币（大写）：⊗万⊗仟叁佰捌拾伍元零角零分　¥385.00

经办人：　　　　　　　　　　　　　收款人：何惠珠

图3-5　收据示意图

二、审查原始凭证

原始凭证是会计核算的重要依据，是一切经济业务活动的最初实际记录，用于明确经济责任，具有法律效力。任何单位都必须以合法、真实、有效的原始凭证为依据进行会计核算。

（一）原始凭证的基本要素

原始凭证作为交易、事项的原始证明，必须详细载明有关交易、事项地发生或完成情况。由于经济业务多种多样，各企业经营管理的要求也不尽相同，因而用于记录经济业务的原始凭证的格式和内容也有所不同，但无论哪一种类型的原始凭证，其基本要素应包括以下内容，如图3-6所示。

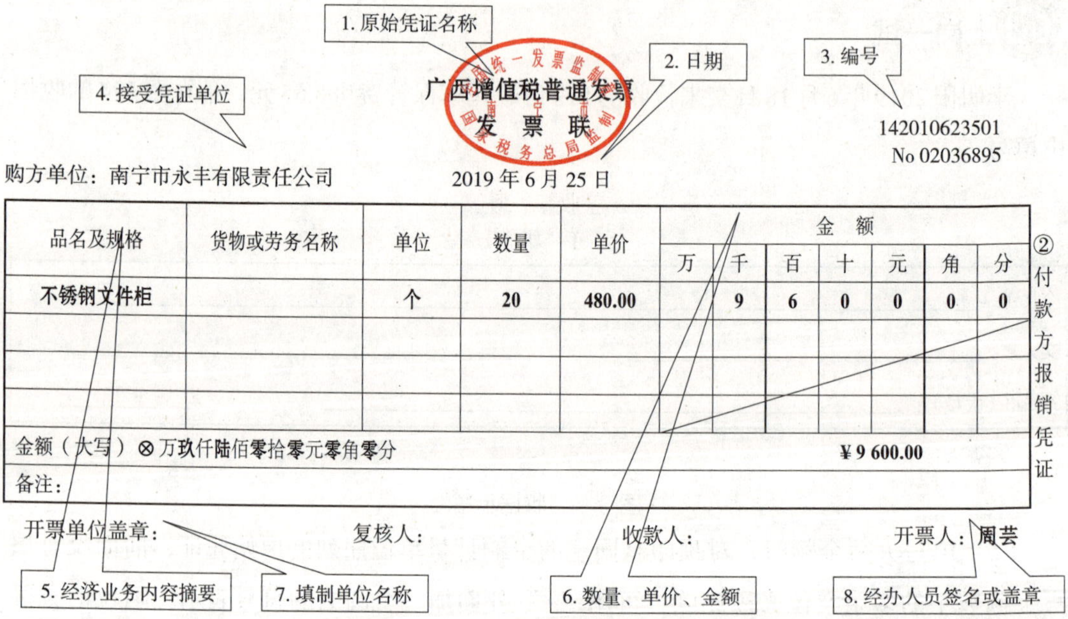

广西增值税普通发票

发　票　联

142010623501

No 02036895

购方单位：南宁市永丰有限责任公司　　2019 年 6 月 25 日

品名及规格	货物或劳务名称	单位	数量	单价	金额 万	千	百	十	元	角	分
不锈钢文件柜		个	20	480.00		9	6	0	0	0	0
金额（大写）⊗万玖仟陆佰零拾零元零角零分					¥9 600.00						
备注：											

②付款方报销凭证

开票单位盖章：　复核人：　收款人：　开票人：周芸

图3-6　原始凭证的基本要素示意图

（1）原始凭证的名称。标明原始凭证所记录的经济业务的种类。

（2）原始凭证的填制日期。标明交易、事项发生或完成的时间。

（3）原始凭证的编号。标明该类原始凭证的顺序号，有些自制凭证也可没有编号。

（4）接受凭证的单位或个人的名称。

（5）经济业务内容摘要。标明交易、事项的项目名称及有关事项。

（6）经济业务的数量、单价、金额。

（7）填制单位名称或填制人姓名。

（8）有关经办人员签名或盖章。

（二）原始凭证的审查方法

在审查原始凭证时，应注意坚持“八审八看”原则。

想一想

【例3-1】查账人员在审阅南宁市永丰有限责任公司2019年6月份的原始凭证时，发现1张发票有问题。看一看图3-7中的发票内容，想一想它存在哪些问题？

案例分析

（1）审经济业务内容，看项目是否完整，是否符合财务制度、法律法规和费用开支标准。

北京市增值税普通发票

发　票　联

142010623501

No 02036895

购方单位：南宁市永丰有限责任公司　　2019 年 9 月 3 日

货物或劳务名称	规格	单位	数量	单价	金额						
					万	千	百	十	元	角	分
蜂参灵胶囊	1×24	箱	4	1 600		4	6	0	0	0	0
金额（大写）人民币⊗万陆仟肆佰零拾零元零角零分					￥4 600.00						
备注：											

②付款方报销凭证

开票单位盖章：　　复核人：　　收款人：　　开票人：周芸

图 3-7　增值税普通发票示意图

从图3-7中发票的业务内容中看到，南宁市永丰有限责任公司购入的货物是蜂参灵胶囊，而蜂参灵胶囊是高级保健品，不属于该公司生产经营所需物资，购入蜂参灵胶囊的用途是否符合国家法律规定或超越公司的经管范围？

（2）审抬头，看是否与本单位名称或报销人姓名相同。

发票上的购货单位是南宁市永丰有限责任公司，与实际单位相同。

（3）审填制日期，看是否与报账日期相近。

查账人员审阅的是该公司2019年6月份的原始凭证，因此，所有原始凭证上的日期都必须是6月份以前的。但这张发票上的日期是9月3日，与查账所属期间不符。有两种可能，一是开票单位在开票时填错日期，但这种情况应在经办人员报账期间会计审核时发现；另一种可能是该公司6月份的账是在9月份以后，因某种原因或为达到某种目的而编制的假账。

（4）审用途，看是否与凭证中经济业务内容及单位业务需要相关。

南宁市永丰有限责任公司是生产电器产品的企业，不是医院或医疗科研单位，不可能使用蜂参灵胶囊这样的高级保健品作为生产材料或经营物资，其用途显然不对。

（5）审财务签章，看是否与原始凭证的企业或单位名称相符，有关责任人是否签名或盖章。

发票上应盖开票单位的财务专用章或发票专用章，但该发票上盖的却是公章。

发票上的开票单位（售货单位）盖的是南宁市氏文文化用品公司的公章，而票头却是北京市的发票。南宁市氏文文化用品公司在广西南宁，南宁的企业在售货时怎么能开北京的发票呢？可能是报账人员原有一张北京市的空白发票，在编造了假经济业务后，为隐人耳目、以假乱真，达到贪污企业资金的目的，通过关系盖了南宁市氏文文化用品公司的公章。也有使用不盖公章的假发票报账的。

（6）审金额，看计算是否正确、完整；大、小写是否一致。

发票中的数量×单价所得的金额不正确（4×1 600=6 400），而发票上的小写金额是4 600元，计算不正确，且大、小写金额不符，可能是将数字看颠倒了。

大写金额没有数字的应写成“零”，不能写成“0”。

小写金额前留的空格太大，离“¥”太远；大写金额前没有数字的不能留空格，应用“零”或“¥”封口。

（7）审“脸面”，看有无涂改、刮擦、添写、纸贴等不正常套写的现象。

（8）审编号，看是否存在异常编号的情况。有些原始凭证应按发生的时间顺序连续编号，如支票在使用时，除作废的以外，其余的均应按业务发生的时间顺序连续使用。若时间、编号出现颠倒，则有可能是出纳人员开出“远期支票”；而有些原始凭证出现连续编号的可能性不太大，如在不同时间发生的购货发票，若出现连续编号则有可能存在问题。

三、审查记账凭证

（一）记账凭证的基本要素（图3-8）

（1）记账凭证的名称。

（2）填制凭证日期。

（3）凭证编号。

（4）交易、事项的内容摘要。

（5）会计科目、记账方向和记账金额。

（6）所附原始凭证张数。

（7）填制人员、稽核人员、记账人员、会计主管人员的签名或盖章。收款、付款的记账凭证还应由出纳人员签名或盖章。

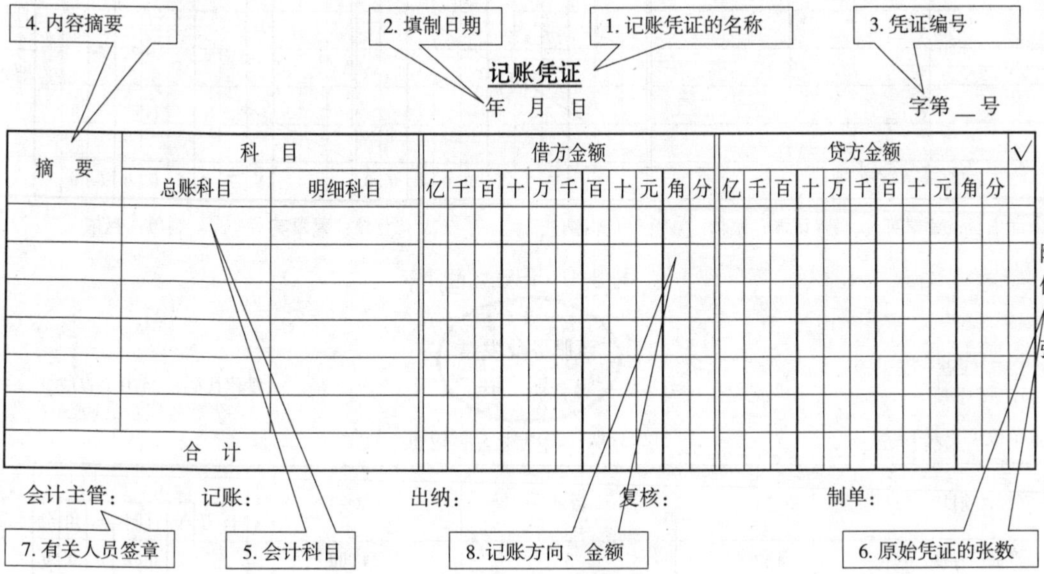

图 3-8 记账凭证的基本要素示意图

（二）审查记账凭证

记账凭证是指会计人员将原始凭证所反映的错综复杂的经济业务，按照专门的会计方法进行处理，依账户的对应关系确定会计分录后，作为据以登记账簿的一种书面凭证。记账凭证根据审核无误的原始凭证填制，因此，对记账凭证的审查要结合原始凭证反映的经济业务内容和用途。

上岗一试

查账人员正在审阅南宁市永丰有限责任公司2019年6月份的原始凭证，现有1张记账凭证（图3-9），后面附有2张原始凭证（图3-10和图3-11）。请你帮忙审一审。

任务剖析

（1）核对经济业务的用途。将记账凭证中摘要栏的用途与原始凭证的内容进行核对，以查明记账凭证是否按实际用途如实填列。

图3-10和图3-11两张原始凭证都注明费用的用途是支付产品广告费，图3-9的记账凭

记账凭证

2019 年 6 月 25 日　　　　记字第 **31** 号

摘　要	科　目		借方金额											贷方金额											√
	总账科目	明细科目	亿	千	百	十	万	千	百	十	元	角	分	亿	千	百	十	万	千	百	十	元	角	分	
付产品广告费	**销售费用**	**广告费**					7	2	0	0	0	0	0												
	银行存款																	7	2	0	0	0	0	0	
合　计						¥	7	2	0	0	0	0	0				¥	7	2	0	0	0	0	0	

附件 **2** 张

会计主管：**董翠英**　　记账：**赵依**　　出纳：　　复核：**董翠英**　　制单：**赵依**

图 3-9　记账凭证

广西服务业发票

记　账　联

发票代码：242010671701

发票号码：01192501

付款单位（个人）：　　开票日期：2019 年 3 月 19 日

经营项目	单位	数量	单价	金　额							
				十	万	千	百	十	元	角	分
产品广告费	**月**	**3**	**24 000**		7	2	0	0	0	0	0
合计				¥	7	2	0	0	0	0	0
金额大写（人民币合计）柒万贰仟零佰零拾零元零角零分											

第三联　记账

收款单位（盖发票专用章有效）　　开票人：**蒋文**

图 3-10　原始凭证（一）

证中摘要栏内注明费用的用途也是支付产品广告费，记账凭证已按实际用途如实填写。

（2）审查会计科目的使用。按照账户对应关系审核记账凭证所使用的会计科目是否符合规定，是否存在张冠李戴、混淆科目，以转移成本、费用或虚构收入、利润的情况。

以银行存款支付产品广告费，应借记“销售费用”科目，贷记“银行存款”科目。图3-9的记账凭证中账户的对应关系正确。

（3）核对附件张数及金额。记账凭证应列明原始凭证的张数，各张原始凭证实际发生的金额应等于记账凭证的金额。

原始凭证有两张，实际发生的金额为72 000元，与记账凭证上的附件张数及金额相符。

（4）审查记账凭证的日期。一般情况下，记账凭证与原始凭证的日期应相差不大，且原始凭证日期应早于记账凭证的日期。否则说明存在异常情况，应认真深入调查、分析。

图3-9记账凭证中填制的日期是6月25日，而原始凭证的日期是3月19日，说明该业务发生后，有关经办人员没有及时进行账务处理，容易造成原始凭证丢失或漏办。甚至违反权责发生制，没有及时确认当期损益。

（5）审查各有关责任人是否签章。图3-9记账凭证中会计主管和制单人都已签章，而收款、付款的记账凭证还应由出纳人员签名或盖章，但出纳员没有在记账凭证中签章，应进一步查明是出纳员工作中疏忽漏签还是另有隐情不愿意签。

中国工商银行
（桂）
转账支票存根
B D
06212238
0 2
附加信息

出票日期 2019年3月19日

收款人：	广西电视台
金　额：	¥72 000.00
用　途：	产品广告费

单位主管：　　　　会计：

图3-11　原始凭证（二）

任务二　审 查 会 计 账 簿

一、掌握会计账簿的种类

（一）会计账簿的含义

会计账簿是指由一定格式的账页组成的，用以全面、系统、连续、综合地记录和反映各项经济业务的簿籍。

设置和登记账簿也是会计核算的基本方法之一，是连接会计凭证与会计报表的重要中间环节，也是记载、储存和输出会计信息的一种重要手段。

（二）会计账簿的种类及用途

依据用途、格式和外形特征等不同标准，会计账簿可以分为不同的种类。最常见的分类方法是按账簿用途的不同，划分为序时账簿、分类账簿和备查账簿三类。

（1）序时账簿。序时账簿是指按照经济业务发生或完成时间的先后顺序逐笔登记的账簿，因而也称为日记账。如现金日记账和银行存款日记账。

（2）分类账簿。分类账簿是指按照会计要素的具体类别设置的分类账户，是对全部经济业务进行登记的账簿。分类账簿按其登记内容的详细程度分为总分类账簿和明细分类账簿。

总分类账簿简称总账，是指根据总分类账户进行分类登记的账簿。它可以反映各种资产、负债、成本、费用、收入等总账核算的资料，为编制会计报表提供主要依据。总账一般采用订本式三栏账，在启用前已按顺序编号并将账页装订成册，可避免账页散失，防止抽换账页，易于归档保管。

小窍门

所有单位都必须设置订本式总分类账簿，查账时首先要注意观察账本的页码是否连续，有无撕毁的痕迹。

明细分类账簿简称明细账，是指按照明细分类账户进行分类登记的账簿。它可以反映各种资产、负债、成本、费用、收入等明细核算资料，为编制会计报表提供各种必要的资料。各单位可根据其自身经营管理的实际需要设置明细账。明细账可采用活页式账簿，其账页可根据实际需要进行增减。一般情况下，用于登记债权债务明细情况时，可采用三栏式明细账；用于登记成本费用明细情况时，可采用多栏式明细账；用于登记存货物资的明细情况时，可采用数量金额式明细账。某些特殊项目，也可采用专门的明细账，如应交增值税明细账、固定资产明细账等。

小窍门

明细账一般采用活页式账页，其账页可根据实际工作需要增减。正常情况下，其账页增减不会太多，且比较分散。查账时首先要注意观察账页的新旧程度，若在一本旧账本里集中出现新账页（或相反），则有可能是查账前临时添加进去的。

（3）备查账簿。备查账簿又称辅助账簿，是指对日记账和分类账等主要账簿中不能记载或记载不全的经济业务进行补充登记的账簿。它为经营管理者提供必要的参考资料，例如租入固定资产备查账簿，用于登记那些以经营租赁方式租入、不能记入本企业固定资产的固定资产；应收票据贴现备查簿，用于登记企业已经贴现的应收票据。

备查账簿的格式一般不固定，可根据实际需要，本着清晰、简便、易查的原则自行设置。

二、审查会计账簿

（一）审查会计账簿启用

为保证账簿记录的合法性和真实性，明确经济责任，启用会计账簿时，应当在账簿封面上写明单位名称和账簿名称；在账簿扉页上按规定填制启用表，包括经管人员一览表和目录，如图3-12所示。在审查会计账簿的启用情况时，应注意如下几点：

经管人员一览表

单位名称		南宁市永丰有限责任公司		全宗号	
账簿名称		现金日记账		目录号	
账簿页数		自第1页起至第100页止 共100页		案宗号	
				盒号	
使用日期		自2019年1月1日至2019年12月31日		保管期限	30年
单位领导人签章		张凯	会计主管人员签章		董翠英
经管人员职别	姓名	经管或接管日期	签章	移交日期	签章
出纳员	何惠珠	2019年2月1日	何惠珠	2019年2月1日	吴静

图3-12　会计账簿启用表示意图

（1）账簿封面上是否写明单位名称和账簿名称。

（2）账簿扉页上是否附有“启用表”，所列内容是否齐全、填写是否完整。

（3）是否列明该账簿经管人员的名称及权限。

（4）会计人员调动工作时，是否按规定在账簿中附有交接人员、监交人员的姓名或签章。

（5）是否按规定编定目录表和页数。

（二）审查会计账簿登记

不论是登记总账还是明细账，都要依据审核无误的记账凭证进行。因此，在审查会计账簿的记录时，首先应核对会计账簿的记录与记账凭证的内容，然后再审查其登记方法是否符合规范。

（1）账簿记录是否与记账凭证内容相符。重点核对账户名称是否与记账凭证上的会计科目名称相符，摘要是否真实、合理，记账方向是否一致，记账金额是否相等，记账日期是否相同等。

（2）总账金额与其所属各明细账金额之和是否相等。采用记账凭证核算形式时，原则上要求总账与明细账进行平行登记，即在登记某一笔业务时，一方面根据记账凭证上的总分类科目登记总账，另一方面根据记账凭证上的明细分类科目或原始凭证登记明细账。

在采用科目汇总表核算或汇总记账凭证核算形式时，先根据科目汇总表或汇总记账凭证登记总账，然后再根据有关记账凭证或原始凭证登记明细账。

不论采用何种形式，某一总账金额必须等于其所属各明细账的金额之和，如果不相等，则可能存在利用抽掉或增添明细账的方式进行舞弊的情况。

（3）会计账簿中文字、数字的书写是否规范。一般来说，登记账簿要用蓝黑墨水书写，不得使用圆珠笔或铅笔书写。除更正错账、结账、在没有设置借贷方向的账簿中登记负数时使用红色墨水书写外，其余情况下不得使用红色墨水书写。

按照规范性要求，账簿中书写的文字和数字在账簿方格中要留有适当空距，不要写满格，一般只占格宽的二分之一（图3-13）。

库存现金日记账

2019		凭证		摘要	对方科目	借方										贷方										借或贷	余额										√
月	日	字	号数			千	百	十	万	千	百	十	元	角	分	千	百	十	万	千	百	十	元	角	分		千	百	十	万	千	百	十	元	角	分	
				期初余额																						借					1	0	0	0	0	0	
6	2	记	1	提现备用及发放工资				1	0	8	0	0	0	0	0											借			1	0	9	0	0	0	0	0	
	5	记	2	现金送存银行																5	0	0	0	0	0	借			1	0	4	0	0	0	0	0	
	14	记	3	收回备用金						1	0	0	0	0	0											借			1	0	5	0	0	0	0	0	
	15	记	4	差旅费借支															1	5	0	0	0	0	0	借				9	0	0	0	0	0	0	
	26	记	12	销售款						3	0	0	0	0	0											借				9	3	0	0	0	0	0	
				过次页				1	0	4	0	0	0	0	0				2	0	0	0	0	0	0	借				9	3	0	0	0	0	0	

图3-13 会计账簿登记示意图

在登记账簿时，必须按行次顺序登记，不得跳行（图3-13）、隔页，若因工作疏忽产生跳行、隔页时，应将空行或空页用红笔按对角划一条斜线以示注销，并在空行、空页的摘要栏内注明“此行空白”“此页空白”，在空白处加盖记账人员印章或签名。

（4）是否按规定结转账页和结出余额。按照规定，每一账页登记完毕后，应办理结转下页的手续或记录，结转下页时，应结出本页合计数及余额，将其写在本页最后1行和下页第1行有关栏内，并在摘要栏内注明“过次页”（图3-13）和“承前页”字样，也可以只写在下页第1行有关栏内，并在摘要栏内注明“承前页”字样。

根据规定，凡可以结出余额的账户都需要随时结出余额。余额结出后，应在余额前的“借或贷”栏中写明“借”或“贷”字样。没有余额的账户，应在“借或贷”栏中写“平”字（图3-13），并在余额栏内的“元”位写“0”表示。现金日记账和银行存款日记账必须逐日结出余额。

（三）查找会计账簿登记错误

在查账过程中，可能会发现各种错误，如记账凭证汇总表不平、各明细账户的余额之和不等于总账有关账户的余额、银行存款账户调整后的余额与银行对账单不符等。发生这些差错的原因很多，诸如重记、漏记、数字颠倒、数字错位、数字记错、科目记错、借贷方向记反、计算错误等。在实际工作中，我们应采用一定的方法查找错误，缩短查找差错的时间，减少工作量并按照规定的方法予以更正。

1.会计记录错误的查找方法

（1）尾数法。对于发生的角、分差错可以只查找小数部分，以提高查错效率。如只差0.18元，只需看一下尾数有“.18”的金额，看是否已将其登记入账。

（2）差数法。也叫差额查找法，它是按照错账差数直接查找错账的方法。

上岗一试

1.企业生产产品领用材料3 000元，会计分录如下：

借：生产成本　3 000

　　贷：原材料　3 000

2.根据会计分录（图3-14）登记会计账簿（图3-15和图3-16）：

记账凭证

2019年6月16日　　　　记字第13号

摘要	科目		借方金额											贷方金额											√
	总账科目	明细科目	亿	千	百	十	万	千	百	十	元	角	分	亿	千	百	十	万	千	百	十	元	角	分	
生产产品领用	生产成本							3	0	0	0	0	0												
	原材料																		3	0	0	0	0	0	
							¥	3	0	0	0	0	0					¥	3	0	0	0	0	0	

附件2张

会计主管：董翠英　记账：赵依　出纳：何惠珠　复核：董翠英　制单：赵依

图3-14　会计分录示意图

根据会计分录（图3-14）登记生产成本总账（图3-15）时只登记了会计分录的借方3 000元，在登记原材料总账（图3-15）时却漏记了贷方3 000元，从而使总账总体试算不平衡，导致总账借方发生额比贷方发生额多3 000元。可由会计人员或查账人员通过回忆，查找有关3 000元金额的记账凭证。

差数法适用于漏记、重记等原因形成的差错。

生产成本总账

2019	凭证			摘要	对方科目	借方										贷方										借或贷	余额										√
月	日	字	号数			千	百	十	万	千	百	十	元	角	分	千	百	十	万	千	百	十	元	角	分		千	百	十	万	千	百	十	元	角	分	
				期初余额																						借					1	0	0	0	0	0	
6	2	记	1	领用材料				1	0	0	0	0	0	0	0																						
	5	记	2	计提折旧						6	0	0	0	0	0																						
	14	记	3	领用材料						1	0	0	0	0	0																						
	15	记	4	分配动力费用						2	0	0	0	0	0																						
	15	记	9	领用材料						5	0	0	0	0	0																						
	16	记	13	生产产品领用						3	0	0	0	0	0																						
				过次页				1	1	7	0	0	0	0	0											借			1	1	8	0	0	0	0	0	

图 3-15　生产成本总账示意图

原材料总账

2019	凭证			摘要	对方科目	借方										贷方										借或贷	余额										√
月	日	字	号数			千	百	十	万	千	百	十	元	角	分	千	百	十	万	千	百	十	元	角	分		千	百	十	万	千	百	十	元	角	分	
				期初余额																						借			5	5	0	0	0	0	0	0	
6	2	记	1	领用材料														1	0	0	0	0	0	0	0												
	14	记	3	领用材料																1	0	0	0	0	0												
	15	记	7	材料入库					1	7	0	0	0	0	0																						
	15	记	9	领用材料																5	0	0	0	0	0												
	16	记	12	材料入库						9	0	0	0	0	0																						
	26	记	16	材料入库					1	3	0	0	0	0	0																						
				过次页					3	9	0	0	0	0	0			1	0	6	0	0	0	0	0	借			4	8	3	0	0	0	0	0	

图 3-16　原材料总账示意图

想一想

如果试算平衡时借方发生额比贷方发生额多6 000元，用差数法找不到错账时，紧接着应该用什么方法呢?

（3）除2法。也叫差额除2法，它是指根据试算平衡时借方发生额与贷方发生额之间的差额除以2的商数查找错账的一种方法。

在记账时，有时由于疏忽错将借方金额登记到贷方或将贷方金额登记到借方，结果必然会出现一方合计数增多，而另一方合计数减少的情况，其差额恰是记错数字的2倍。对于这种错误的检查，可用差错数除以2，得出的商数就是账中记账方向的反方向数字，有了一定的目标，然后再到账目中去寻找差错的数字。

上岗一试

企业生产产品领用材料3 000元，会计分录如图3-14所示。

借：生产成本　3 000

　　贷：原材料　　3 000

根据会计分录（图3-14）登记生产成本总账（图3-15）时，虽然登记了会计分录的借方3 000元，但在登记原材料总账（图3-17）时借记3 000元，从而使总账总体试算不平衡，总账借方发生额比贷方发生额多6 000元。

原材料总账

2019		凭证		摘要	对方科目	借方										贷方										借或贷	余额										√
月	日	字	号数			千	百	十	万	千	百	十	元	角	分	千	百	十	万	千	百	十	元	角	分		千	百	十	万	千	百	十	元	角	分	
				期初余额																						借			5	5	0	0	0	0	0	0	
6	2	记	1	领用材料														1	0	0	0	0	0	0	0												
	14	记	3	领用材料																1	0	0	0	0	0												
	15	记	7	材料入库					1	7	0	0	0	0	0																						
	16	记	13	生产产品领用						3	0	0	0	0	0																						
	16	记	12	材料入库						9	0	0	0	0	0																						
	26	记	16	材料入库					1	3	0	0	0	0	0																						
				过次页					4	2	0	0	0	0	0			1	0	1	0	0	0	0	0	借			4	9	1	0	0	0	0	0	

图3-17　原材料总账示意图

小窍门

先由会计人员或查账人员通过回忆，用差数法在记账凭证中查找有关6 000元的金额，如果找不到错账，紧接着就将6 000元除以2，再查找有关3 000元金额的记账凭证。

除2法适用于反方向记账所形成的差错。

想一想

如果试算平衡时出现借方发生额与贷方发生额不平衡的现象，用差数法和除2法都找不到错账时，紧接着应该用什么方法呢？

（4）除9法。也叫差额除9法，它是指根据试算平衡时借方发生额与贷方发生额之间的差额除以9的商数查找错账的一种方法。除9法主要适用于数字错位和相邻数字书写颠倒所引起的错误。

数字写小。如收入现金800元，误记为80元，对账结果会出现800−80=720元差值，用720元除以9，商为80元，商数即要找的差错数，扩大10倍后即可得出正确的数字800。

数字写大。如将70.00元看成了700.00元并登记入账，此时在对账时就会出现结果差700−70=630元，用630元除以9，商为70元，70元是应该记录的正确数额。

小窍门

发生数字错位的记账错误，只需将差额除9的商数扩大10倍或缩小到1/10来查找即可。如果是借方发生额大于贷方发生额，则是借方将小数写成大数或是贷方将大数写成小数；如果是借方发生额小于贷方发生额，则相反。

相邻数字颠倒。如将86记成68，它们的差值是18，用差值除以9，将得出的商，即将2连续加11，直到找到颠倒的数。即在13，24，35，46，57，68，79，90的基础上，进一步判断错在哪一笔业务上。

小窍门

发生相邻数字颠倒的记账错误，如果差额是两位数，差额除9的商是1位数，则是十位数和个位数之间颠倒；如果差额是3位数，差额除9的商是2位数，则是百位数和十位数之间颠倒；如此类推。

上述方法只适用于只有一处错账地检查，若账簿中同时出现多处错误，就不能使用上述方法，而需采用一一核对法进行查找。

2.错账的更正方法

会计人员发现账簿记录发生错误时，不准涂改、挖补、刮擦或者用药水消除字迹，不准重新抄写，必须按照规定的方法进行更正。更正错账的方法一般有3种，即划线更正法、红字更正法和补充登记法。

（1）划线更正法。在结账前发现记账凭证正确而账簿记录中文字或数字有错误时，应采用划线更正法。具体做法是：先在错误的文字或数字（整个数字）上划一条红线注销，并使原来的字迹仍可辨认，以备查考；然后将正确的文字或数字用蓝字写在划线上端，并由记账人员在更正处盖章，以明确责任。

（2）红字更正法。在记账以后，如果发现记账凭证中会计科目错误、记账方向错误或金额多写的错误时，可以用红字更正法进行更正，红字更正法一般在下述两种情况下使用：①记账以后，如果发现记账凭证中的应借、应贷会计科目错误或记账方向错误时；②记账以后如果原记账凭证中会计科目并无错误，但发现所记金额大于应记金额时。

如果记账凭证所记录的文字与账簿记录的文字也不相符，则先采用划线更正法更正文字，然后再采用红字更正法冲销多记的金额。

需要注意的是，采用红字更正法时，不得以蓝字或黑字金额填制与原错误凭证记账方向相反的记账凭证去冲销错误记录或错误金额。

（3）补充登记法。在记账以后，如果发现记账凭证中应借、应贷科目虽无错误，但所填金额小于应填金额时，应按照正确数字与错误数字之间的差额用蓝字填一张记账凭证，以此补充入账。

（四）审查会计账簿结账

结账是指在一定时期内所发生的全部交易、事项已登记入账的基础上，将各类账簿记录核算完毕，结出各种账簿本期发生额合计和期末余额的一项会计核算工作。

1. 审查结账程序

（1）检查结账前是否将当期所发生的交易、事项全部登记入账。

（2）检查结账前是否有重复记录、遗漏记录的交易、事项，记录是否有错误，以便在结账前及时更正。

（3）检查结账前是否已按照权责发生制原则对期末调整事项进行调整，并编制有关会计分录，据以登记入账。

（4）检查是否将损益类账户转入“本年利润”账户。

（5）检查是否已结算出资产、负债和所有者权益类账户的本期发生额和余额，并结转下期。

2. 审查结账方法

结账可分为月度结账（月结）、季度结账（季结）、年度结账（年结）三种。

（1）月度结账。对于现金日记账、银行存款日记账和需要按月结转发生额的收入、费用等明细账，每月结账时，应在最后一笔经济业务的记载下面划一条通栏红线，在红线下面的一行“摘要”栏内注明“本月合计”或“本期发生额及期末余额”，在“借方”“贷方”“余额”三栏分别计算出本月借方发生额合计、贷方发生额合计和结余数，然后在此行下面再划一条通栏红线，表明本期结算完毕（图3-18）。

（2）季度结账。与月结相比，只需在每季度末，在“摘要”栏注明“本季度累计”或“本季度发生额及余额”；在“借方”“贷方”“余额”三栏分别计算出本季度的借方、贷方发生额合计数及季末余额，然后在此行下面划一条通栏红线，表示季度结账完毕。

原材料总账

2019		凭证		摘要	对方科目	借方										贷方										借或贷	余额										√
月	日	字	号数			千	百	十	万	千	百	十	元	角	分	千	百	十	万	千	百	十	元	角	分		千	百	十	万	千	百	十	元	角	分	
				期初余额																						借			5	5	0	0	0	0	0	0	
6	2	记	1	领用材料														1	0	0	0	0	0	0	0												
	14	记	3	领用材料																1	0	0	0	0	0												
	15	记	7	材料入库					1	7	0	0	0	0	0																						
	16	记	13	生产产品领用						3	0	0	0	0	0																						
	16	记	12	材料入库						9	0	0	0	0	0																						
	26	记	16	材料入库					1	3	0	0	0	0	0																						
	30			本月合计					4	2	0	0	0	0	0			1	0	1	0	0	0	0	0	借			4	9	1	0	0	0	0	0	

图 3-18　原材料总账示意图

（3）年度结账。年终结账时，要在“摘要”栏内注明“本年累计”，在“借方”“贷方”“余额”三栏分别填入本年度借方发生额合计、贷方发生额合计和年末余额，然后在此行下面划通栏双红线，表示全年经济业务地登账工作至此全部结束，并将有余额的账户余额结转下年（图3-19）。

需要注意的是，年终结账时，不必将有余额的账户记入本年账户的借方或贷方，使本年有余额的账户余额变为零。而是将有余额的账户的余额直接记入新账余额栏内，不需要编制记账凭证。

原材料总账

2019		凭证		摘要	对方科目	借方										贷方										借或贷	余额										√
月	日	字	号数			千	百	十	万	千	百	十	元	角	分	千	百	十	万	千	百	十	元	角	分		千	百	十	万	千	百	十	元	角	分	
				期初余额																						借			5	5	0	0	0	0	0	0	
12	2	记	1	领用材料														1	0	0	0	0	0	0	0												
	14	记	3	领用材料																1	0	0	0	0	0												
	15	记	7	材料入库					1	7	0	0	0	0	0																						
	16	记	13	生产产品领用						3	0	0	0	0	0																						
	16	记	12	材料入库						9	0	0	0	0	0																						
	26	记	16	材料入库					1	3	0	0	0	0	0																						
12	31			本月合计					4	2	0	0	0	0	0			1	0	1	0	0	0	0	0	借			4	9	1	0	0	0	0	0	
12	31			本年累计			8	3	6	9	5	0	0	0	0		8	4	2	8	5	0	0	0	0	借			4	9	1	0	0	0	0	0	
				结转下年																																	

图 3-19　原材料总账示意图

思考题

1. 什么是会计凭证？会计凭证可分为几大类？

2. 会计凭证数字书写的一般要求是什么？

3. 原始凭证的审查要点是什么？

4. 如何审查记账凭证？

5. 会计账簿启用的审查内容有哪些？

6. 会计账簿登记的审查要点是什么？

7. 会计记录错误的查找方法有哪些？

8. 如何更正错账？

练习题

1. 请根据下列是业务填写相关原始凭证。

（1）2019年10月24日，技术部职工张华到市里参加业务培训学习，预借差旅费700元，以现金支付，借支单如图3-20所示。（财务经理董翠英，公司经理朱江）

借　支　单

年　月　日

借款部门		职别		出差人姓名	
借款事由					
借款金额人民币					
部门负责人审批意见		公司负责人审批意见			

借款人：

图3-20　借支单

（2）2019年10月24日将零星销售产品收入款存入银行。其中100元面额70张，50元面额30张，20元面额46张，10元面额127张。进账单如图3-21所示。（注：开户行为中国工商银行长堽支行分理处，账号为170400345050934 5678，单位名称为南宁市永丰有限责任公司）

（3）2019年10月24日，从银行提取现金5 000元备用。现金支票如图3-22所示。（注：开户行为中国工商银行长堽支行分理处，账号为17040034505093456 78，单位名称为南宁市永丰有限责任公司）

中国工商银行现金进账单（回单或收账通知）①

年　月　日　　　　　　　　　　第　号

收款人	全称		开户银行	
	账号		款项来源	

人民币（大写）		十	万	千	百	十	元	十	分

票面	张数	十	万	千	百	十	元	十	分	票面	张数	百	十	元	十	分	
壹佰元										壹元							
伍拾元										伍角							
贰拾元										贰角							
拾元										壹角							
伍元																	（收款银行盖章）
贰元																	收银员　复核员

图 3-21　进账单

中国工商银行　现金支票（桂）　X113576802

出票日期（大写）　　年　月　日　　付款行名称：

收款人：　　出票人账号：

本支票付款期限十天

人民币（大写）		亿	千	百	十	万	千	百	十	元	角	分

用途：________

上列款项请从

我账户内支付

出票人签章

科目（借）________　密码

对方科目（贷）________

转账日期　　年　月　日

复核　　记账

图3-22　现金支票

2. 请审核下列收据，提出其中存在的问题（图3-23）。

收　款　收　据

年　月　日　　　　编号：

交款人（单位）	南宁市山河贸易公司							
摘要	产品销售款　　现金收讫							
金额（大写）	玖仟叁佰捌拾伍元柒角伍分	万	千	百	十	元	角	分
			9	3	8	5	7	5

主管　　会计　　出纳

图 3-23　收据

项目四
审查货币资金

学习目标

- 了解现金业务常见的错弊行为；
- 了解银行存款的内部控制制度；
- 了解银行存款业务常见的错弊行为；
- 掌握货币资金业务错弊的审查方法；
- 能正确审查货币资金业务错弊行为；
- 养成底线思维及依法依规的职业道德。

任务一　审查现金收支业务

一、掌握现金收支业务常见的错弊行为及审查方法

（一）现金收支业务常见的错误

（1）记账错误。由于出纳员的疏忽大意，经常会发生记账时看错数字记错账，造成现金账面长款或短款的情况。因此，出纳员每次记账完毕后都应该认真核对金额数字，防止出现差错。

（2）收、付款错误。出纳员在收付款过程中，由于点钞时的疏忽大意，偶尔会出现多收、少收、多付、少付款的情况。

（3）计算错误。出纳员在记完账后进行合计时，有时会因为疏忽大意而出现计算上的错误。特别是平时偷懒不记账，待凭证积累到一定数量后才一次性记账的，往往会因为数据量大而出现看错数字，造成计算错误。

由于现金收支错误或计算错误并非当事人故意造成，没有人为掩饰，因此比较容易查证，只要进行现金盘点，将“现金日记账”“银行存款日记账”的记录和原始凭证进行一一核对，很快就能发现问题。但如果不能及时发现和纠正，不仅会给单位的现金管理带来安全隐患，久而久之，也容易引发各种针对现金的舞弊行为。

（二）现金收支业务常见的舞弊行为

（1）挪用现金。有关人员利用职务之便挪用单位现金。这是现金收支业务最常见的舞弊行为之一，也是引发现金贪污的最主要根源。常见的挪用现金行为有：

1）公私款不分。将公款和私款混放在一起，需要的时候随手拿出来就用，月末结账时少了就补，多了就拿。

2）公款办私事。利用办理业务为借口，以合理的手续取得借款，但所借款项并未用于借条上申办的业务，而是将其挪作私人之用，并开回发票报销。

3）借款不归还。利用办理业务借款，办完业务后的余款或取消办理该项业务后的借款不及时归还，而是长期挂账，将现金据为己用。

4）收款延迟入账。收入的现金不及时入账，且不及时送存银行，而是先挪作他用，待到领导过问或结账时才登记入账。

5）白条抵库挪用现金。出纳人员利用职务便利，开出白条抵充现金，利用白条借出的现金为自己或他人谋取私利。

6）循环挪用现金。有些单位采用月末固定时间对库存现金进行清点，清点后就不再进行其他形式地突击检查，很有规律。出纳员掌握了单位的查账规律后，就在月初挪用现金，月末查账前补回，如此循环，永无止境。

7）公款私存。有些单位为隐瞒收入，私设“小金库”，并由专人秘密掌管，由于知情人少，了解款项数额的人不多，秘密掌管“小金库”之人也会将这笔款项以私人名义存入银行定期“吃”利息。

挪用现金舞弊的形式还有很多，其主要特征是当事人挪用现金后，没有涂改、伪造会计凭证和进行虚假的账务处理，对挪用的现金抱有临时一用，贪点小便宜的想法，因此在性质上比较轻微，但挪用现金舞弊的行为若不能及时制止，当事人挪用现金尝到甜头后，胆子就会越来越大，最后可能萌生贪污的念头。

（2）贪污现金。贪污现金是当事人通过篡改、伪造会计凭证，进行虚假账务处理，以达到非法侵吞现金的目的。常见的现金贪污行为有：

1）收款不开票。有些单位对于一些零星销售业务，由经办销售的人员同时办理货币收款业务，这就给经办销售的人员贪污现金打开方便之门。当购买商品的客户不需要发票入账时，经办销售的人员收款后就可以不开发票，直接贪污所收到的现金。

2）隐瞒收入。经办人员通过撕毁收据或发票，不报账或不记账的方式将收入的现金占为已有。

3）涂改凭证金额。经办人员利用原始凭证上的漏洞或业务上的便利条件，涂改发票或收据上的金额，一般是将收入金额改小，将支出金额改大，从而将多余的现金占为已有。

4）开假票据。经办人员利用管理上的漏洞，使用作废的空白发票或收据向客户开票，将收入占为已有。

5）虚列付款凭证。经办人员通过虚构业务内容，改动凭证，或直接虚列支出凭证，如工资表、补贴表等，将报销的现金占为已有。

6）重复报销。经办人员从以前的会计凭证中盗取已报销过的凭证再次进行报销，以贪污现金。

7）故意合计错误。出纳员故意将现金日记账的收入或支出合计错误，使账面余额减少，将多余的现金占为已有。

哦，原来现金收支业务中有那么多错弊行为呀！那我们应该如何查证呢？

二、现金收支业务常见错弊的审查方法

（一）盘点现金

查账人员首先应对出纳员经管的现金进行突击检查。突击检查的程序如下：

（1）封存现金。查账人员到达出纳部门后，应立刻封存由出纳员存放现金的保险柜，贴上封条。

（2）登记现金日记账。封存保险柜后，查账人员应要求出纳员整理与现金收支业务有关的各种原始凭证，将未记账的业务登记入账，计算出盘点当日的现金应存数。

（3）清点现金。凭证登记完毕结账后，查账人员可以开启封存的保险柜，由出纳员取出现金当众按不同面额整理并清点。清点时应有3个人在场，出纳员主点，另1人复点，查账人员监点。清点结束后，出纳员应将清点结果填入“现金盘点表”内（图4-1）。

（4）核对现金。现金盘点完毕后，应将“现金盘点表”中的清点结果与“现金日记账”中的结存数进行核对，以确定两者是否相符。若不相符，查账人员就必须查明原因，作出处理。

（二）检查凭证

现金实存数与账面余额即使相符，也并不意味着没有问题。因此，接下来就应该检

查会计凭证的真实性与合法性。

（1）注意鉴别外来发票、收据等报销凭证的真伪，看有无以假发票、假收据冒领报销款的贪污行为。

（2）审阅发票、收据的抬头、日期、编号、品名、数量、单价、金额等内容，辨认字迹，查看有无涂改迹象。

（3）注意发票正、副联有无串用，如发现用提货联发票代替正联报销，要查明其原因，并追查正联发票的去向，查明有无重复报销。

（4）外来发票上写明另给收据字样的，是否还附有收据，做账时两者是否俱全。如发现只以其中一张凭证来报销领款，必须追查另一张收据或发票的去向。

（5）审阅自制凭证（包括工资表、差旅费报销单等）的存根是否与原本相符，同时核实其内容、金额是否正确，手续是否齐全，有无虚构职工人数冒领工资和假报差旅费的现象。

现金盘点表

单位名称　　　　　　　　　　　　年　月　日

项　目			金　额	备　注
	面　额	张　数		
库中实存数	100元			
	50元			
	20元			
	10元			
	5元			
	2元			
	1元			
	辅币：			
	合　计			
盘点日账面余额				
加：已收款未入账部分				
1				
2				
减：已付款未入账部分				
1				
2				
账面应存数				
溢缺数				
溢缺原因				
1				
2				

审计员：　　　　　　　　　　会计员：　　　　　　　　　　出纳员：

图4-1　现金盘点表示意图

（6）检查现金收据存根号码是否连续，有无缺页少号，作废的收据是否在正联上加盖“作废”印记，并粘附在收据存根上；所有现金收据是否都已入账。

（7）收款的收据是否是存根上所没有的，有无采用“移花接木”的手法将收入款不进账或少进账的现象。

（8）对于交回借款未出具收据的贪污事项，可通过审阅长期挂账的“其他应收款”明细账查找疑点，并向挂账人员询问长期挂账的原因。

（9）对于业务人员交回借款，出纳员未出具收据，且“其他应收款”明细账又没有挂账的，可通过审阅业务人员的借款单、差旅费报销单等原始凭证，计算费用总额，了解其账务处理过程。

【例4-1】 2019年9月19日查账人员从推销员陈林了解到，其2019年4月10日因公出差借款3 000元，4月20日回来报销了2 480元，余款交回现金520元，但出纳员没有开具收款收据。他一开始也放心不下，后经查问，他的借款已冲平，他也就不再过问此事了。查账人员认为此业务的处理有疑点，随后查看了有关会计凭证和账簿，我们一起看一看。

记录疑点

从差旅费报销单（图4-2）可以看出，陈林4月20日报销差旅费的总额是2 480元，余款520元已退回现金。但记账凭证（图4-3）上却通过“销售费用”科目将陈林预借的3 000元全部冲销，并未反映出收到现金520元。

差 旅 费 报 销 单

2019年4月20日　　　　单据张数　　张

姓名				陈林	部门		销售费		出差事由		推销产品		
起止日期				起止地点	火车费	市内车费	住宿费	途中伙食补助			住宿费		其他
月	日	月	日					标准	天数	金额	天数	金额	
4	10	4	12	南宁—广州	640.00	20		25.00	2.0	50			
4	12	4	18	驻广州		180	720				6	150	
4	18	4	20	广州—南宁	640.00	30		25	2	50			
合　计					1280.00	230.00	720.00			100.00		150.00	
人民币（大写）贰仟肆佰捌拾元整									应退（补）：退还现金520.00元				

审核：张琴　　　　出纳：何惠珠　　　　财务主管：董翠英

图4-2 差旅费报销单

记账凭证

2019 年 4 月 20 日　　　　记字第 **26** 号

摘　要	总账科目	明细科目	借方金额									贷方金额									√
			百	十	万	千	百	十	元	角	分	百	十	万	千	百	十	元	角	分	
报销差旅费	**销售费用**	**差旅费**				**3**	**0**	**0**	**0**	**0**	**0**										附件 1 张
	其他应收款	**陈林**													**3**	**0**	**0**	**0**	**0**	**0**	
合　计					**¥**	**3**	**0**	**0**	**0**	**0**	**0**			**¥**	**3**	**0**	**0**	**0**	**0**	**0**	

会计主管：**董翠英**　记账：**赵依**　出纳：**何惠珠**　复核：**董翠英**　制单：**赵依**

图 4-3　记账凭证

通过审阅“其他应收款”明细账（图 4-4）证实，陈林的预借款已经冲平，其所说的“余款交回现金 520 元”的情况基本属实。但出纳员没有开具现金收款收据，“库存现金日记账”（图 4-5）上也没有收现的记录。

其他应收款明细账

子科目：陈林

2019				摘　要	借　方										贷　方										借或贷	余　额										√
月	日	字	号数		千	百	十	万	千	百	十	元	角	分	千	百	十	万	千	百	十	元	角	分		千	百	十	万	千	百	十	元	角	分	
4	**10**	**记**	**13**	**预借差旅费**					**3**	**0**	**0**	**0**	**0**	**0**											**借**					**3**	**0**	**0**	**0**	**0**	**0**	
4	**20**	**记**	**26**	**报销差旅费**															**3**	**0**	**0**	**0**	**0**	**0**	**平**								**0**			

图 4-4　其他应收款明细账

库存现金日记账

2019		凭证		摘　要	对方科目	借　方										贷　方										余　额										√
月	日	字	号数			千	百	十	万	千	百	十	元	角	分	千	百	十	万	千	百	十	元	角	分	千	百	十	万	千	百	十	元	角	分	
4	**1**			**期初余额**																										**1**	**0**	**0**	**0**	**0**	**0**	
4	**2**	**记**	**1**	**提现备用**						**7**	**0**	**0**	**0**	**0**	**0**															**8**	**0**	**0**	**0**	**0**	**0**	
4	**10**	**记**	**13**	**预借差旅费**																**3**	**0**	**0**	**0**	**0**	**0**					**5**	**0**	**0**	**0**	**0**	**0**	
4	**14**	**记**	**15**	**收回备用金**						**1**	**0**	**0**	**0**	**0**	**0**															**6**	**0**	**0**	**0**	**0**	**0**	
4	**22**	**记**	**19**	**销售产品收入**					**1**	**5**	**0**	**0**	**0**	**0**	**0**														**2**	**1**	**0**	**0**	**0**	**0**	**0**	
4	**22**	**记**	**27**	**存现**																**1**	**5**	**0**	**0**	**0**	**0**					**6**	**0**	**0**	**0**	**0**	**0**	

图 4-5　库存现金日记账

查账方法

询问出纳员，必要时也可请推销员陈林来同其当面对质。

查账结论

经查证，出纳员何惠珠在推销员陈林来办理报销业务，交回现金520元时忘记开具现金收款收据，事后萌生了贪污这笔现金的念头，就通过直接冲平账户的方式进行贪污。

会计调整

当出纳员交出现金520元时，由于是在本年度发现，可直接作分录调整如下（图4–6）：

记账凭证

2019年9月19日　　　　记字第36号

摘要	总账科目	明细科目	借方金额									贷方金额									√
			百	十	万	千	百	十	元	角	分	百	十	万	千	百	十	元	角	分	
收回多冲现金	库存现金						5	2	0	0	0										
	销售费用	差旅费														5	2	0	0	0	
	合计					¥	5	2	0	0	0				¥	5	2	0	0	0	

附件1张

会计主管：董翠英　记账：赵依　出纳：何惠珠　复核：董翠英　制单：赵依

图4-6 记账凭证

任务二 审查银行存款业务

一、审查银行存款内部控制

（1）审查银行存款收付是否有计划控制。计划控制是一种综合性的措施，通过计划控制可以确保企业的供、产、销和人、财、物有机地结合起来，做到充分合理地利用人力、物力和财力资源，防止财务收支中存在的漏洞，最大限度地控制银行存款收付业务中的错弊行为。

（2）审查银行存款收付是否有授权与批准制度。银行存款收付业务，需要经单位主管人员或财务主管人员审批并签字盖章后，授权具体的人员经办。

（3）审查出纳岗位职责与会计岗位职责是否有明确的分工。不相容职务应建立内部牵制制度，做到钱账分管，相互牵制、职务分离。具体审查内容主要有：

1）审查银行存款收付业务的授权与经办是否分离。

2）审查银行存款各种票据的保管与签发职务是否分离。

3）审查银行存款收付凭证填制与银行存款日记账登记职务是否分离。

4）审查银行存款日记账和总账地登记职务是否分离。

5）审查银行单据保管与印章保管职责是否分离。

6）审查银行存款地记账和审核职务是否分离。

（4）审查银行存款收付业务的内容是否符合授权与批准范围。

（5）审查银行存款收付业务记账前是否须经过审核，各单位对其银行存款收付业务在编制记账凭证、登记账簿之前，都必须经过审核，只有审核无误的凭证单据才能作为会计记录的依据。出纳人员根据其审核无误的银行存款收付原始凭证办理结算后要加盖“收讫”或“付讫”戳记；会计人员要根据财务主管审核无误的原始凭证或原始凭证汇总表填制记账凭证；收付款记账凭证要经过财会部门主管或其授权人、稽核人签字盖章后才能据以登记账簿。

（6）审查是否编制“银行存款余额调节表”。“银行存款日记账”与“银行对账单”每月至少核对一次，若银行存款日记账余额与银行对账单余额不符，会计人员应编制“银行存款余额调节表”进行调节。如没有记账错误，调节后的双方余额应相等。

二、编制银行存款余额调节表

核对“银行存款日记账”与“银行对账单”是确保银行存款账实相符的必要手段。在对企业的银行存款项目进行查证时，必须严格核对“银行存款日记账”与“银行对账单”。当银行存款日记账余额与银行对账单余额不符时，应编制银行存款余额调节表，检查是否存在未达账项。

（一）未达账项的内容

未达账项是指开户银行和本单位之间，对于同一款项的收付业务，由于凭证传递时间和记账时间的不同，发生一方已经入账而另一方尚未入账的款项。企业与开户银行之间的未达账项有以下4种情况：

（1）企业已经收款入账，而银行尚未收款入账的款项。企业存入银行的款项，企业已经登记入账，而银行尚未办理入账手续。

（2）企业已经付款入账，而银行尚未付款入账的款项。企业开出转账支票或其他付款凭证，并已登记银行存款减少，而持票人尚未到银行办理相关业务，因而银行尚未支付入账的款项。

（3）银行已经收款入账，而企业尚未收款入账的款项。银行代企业划收的款项已经收款入账，银行已记作企业存款增加，而企业尚未接到收款通知，因而没有记账的款项。

（4）银行已经付款入账，而企业尚未付款入账的款项。银行代企业划付的款项已经划出并记账，记作企业存款减少，而企业尚未接到付款通知，因而尚未记账的款项。

（二）银行存款余额调节表的格式

银行存款余额调节表

项　目	金　额	项　目	金　额
企业银行存款日记账余额		银行对账单余额	
加：银行已收，企业未收 1 2		加：企业已收，银行未收 1 2	
减：银行已付，企业未付 1 2		减：企业已付，银行未付 1 2	
调整后余额		调整后余额	

图 4-7　银行存款余额调节表示意图

上岗一试

你现在是南宁市永丰有限责任公司的会计，请核对下列“银行存款日记账”（图4-8）与“银行对账单”（图4-9），检查是否存在未达账项。若有，请编制银行存款余额调节表进行调节，格式如图4-7所示。

银行存款日记账

2019		凭证		摘　要	对方科目	借　方										贷　方										余　额										√
月	日	字	号数			千	百	十	万	千	百	十	元	角	分	千	百	十	万	千	百	十	元	角	分	千	百	十	万	千	百	十	元	角	分	
10	1			承前页																									5	6	0	0	0	0	0	
10	3	记	3	存入货款					1	5	4	0	0	0	0														7	1	4	0	0	0	0	
10	8	记	5	付货款																8	2	4	0	0	0				6	3	1	6	0	0	0	
10	8	记	8	提现																	4	0	0	0	0				6	2	7	6	0	0	0	
10	8	记	12	存入货款					1	6	5	0	0	0	0														7	9	2	6	0	0	0	
10	20	记	13	付货款															1	2	5	0	0	0	0				6	6	7	6	0	0	0	
10	20	记	18	存入货款					1	3	4	0	0	0	0														8	0	1	6	0	0	0	
10	25	记	20	收货款						2	7	9	5	0	0														8	2	9	5	5	0	0	
10	25	记	26	提现																	5	0	0	0	0				8	2	4	5	5	0	0	
10	28	记	32	付货款																5	2	5	0	0	0				7	7	2	0	5	0	0	
10	31	记	37	付货款																4	0	0	0	0	0				7	3	2	0	5	0	0	

图 4-8　银行存款日记账示意图

中国工商银行长堽支行分理处分户对账单

开户行：工行长堽支行分理处　　账户名称：南宁市永丰有限责任公司　　账号：1704003450509345678

交易日期	结算凭证号	摘要	借方	贷方	余额
2019 年 10 月 1 日		承前页			56 000
2019 年 10 月 3 日	转收 2206			15 400	71 400
2019 年 10 月 8 日	转支 1598		8 240		63 160
2019 年 10 月 8 日	现支 3211		400		62 760
2019 年 10 月 8 日	转收 2219			16 500	79 260
2019 年 10 月 20 日	转支 1599		12 500		66 760
2019 年 10 月 20 日	转收 2318			13 400	80 160
2019 年 10 月 25 日	转收 2324			2 780	82 940
2019 年 10 月 25 日	现支 3212		500		82 440
2019 年 10 月 31 日	现收 409			720	83 160
2019 年 10 月 31 日	转支 1601		9 600		73 560

图 4-9　银行对账单示意图

三、银行存款业务常见的错弊行为及审查方法

（一）私自出租、出借账户从中捞取好处费

出纳人员利用工作之便，擅自出租、出借账户为提现不便的单位或个人套取现金，或利用本单位的银行账户代替外单位转移资金或套购物资，并从中收取好处费。

错弊手法

先由外单位或个人将款项汇入本单位账户，再从本单位账户上套取现金或转入其他单位账户。账户上收付相抵，但不记银行存款日记账。

查账方法

出租、出借账户时资金先是汇入本单位账户，再从本单位账户上提现或转出，资金的一进一出必然会在银行对账单中留下记录。由于担心被发现或被本单位正常的购销结算划出，该笔资金停留在本单位账户上的时间不会太长，一般是到账的当天或隔天就提现或转出，但又不记银行存款日记账，不进行相关的会计账务处理。只要先查看一下银行对账单的记录，注意是否有等额或相近金额的资金在同一天或近期内出现一进一出的情况，然后与银行日记账进行核对就可以查出。

上岗一试

请你核对下列银行对账单记录（图4-10）和银行存款日记账记录（图4-11），帮查账人员找出疑点。

银行存款对账单

单位：　　2019 年 3 月 31 日　　账号：008768 户

月	日	摘要	借方	贷方	余额
3	1	存入投资款		360 000	360 000
3	1	提取备用金	3 000		357 000
3	1	收押金		8 000	365 000
3	2	现存		13 000	378 000
3	2	付货款	70 200		307 800
3	4	提取备用金	3 500		304 300
3	5	购入复印件	14 685		289 615
3	6	付采购专户款	50 000		239 615
3	6	收货款		21 645	261 260
3	8	收货款		100 000	361 260
3	9	存现		25 000	386 260
3	9	提取备用金	100 000		286 260
3	11	付林玉借款	18 000		268 260
3	11	付材料款	105 300		162 960

图 4-10　银行对账单记录

银行存款日记账

单位：　　2019 年 3 月 31 日　　账号：008768 户

月	日	摘要	借方	贷方	余额
3	1	存入投资款	360 000		360 000
3	1	提取备用金		3 000	357 000
3	1	收押金	8 000		365 000
3	2	现存	13 000		378 000
3	2	付货款		70 200	307 800
3	4	提取备用金		3 500	304 300
3	5	购入复印件		14 685	289 615
3	6	付采购专户款		50 000	239 615
3	6	收货款	21 645		261 260
3	9	存现	25 000		286 260
3	11	付林玉借款		18 000	268 260
3	11	付材料款		105 300	162 960

图 4-11　银行存款日记账记录

记录疑点

案例剖析

（二）偷开支票提取现金不入账

出纳人员利用工作上的便利条件，偷开现金支票提取现金，并占为己有。

错弊手法

偷开支票提取现金后，只登记银行存款日记账，保持银行存款日记账余额与银行对账单余额相符，但不登记现金日记账，并将支票存根藏起来。实际工作中，由于企业的银行存款日记账和现金日记账是分两本账簿分别记录的，如果不对照检查，这种手法很难被发现。

查账方法

- 检查现金支票存根，看看是否存在缺号。
- 核对银行存款日记账记录，看看存在缺号的现金支票存根在账上是否有提现记录。
- 对照银行存款日记账记录和现金日记账记录，看看是否存在银行存款日记账有记录的支出而现金日记账上却没有记录。

小窍门

会计与出纳员每个月末相互核对银行存款和现金余额时，应先由出纳员报出银行存款日记账余额和现金日记账余额给会计，再由会计核对“银行存款”总账和“库存现金”总账；决不能由会计将“银行存款”总账和“库存现金”总账的余额先报给出纳员核对，这是防止出纳员偷开支票提取现金不入账的一种有效手段。

（三）挪用现金后涂改银行对账单

出纳人员挪用现金后，涂改银行对账单上的发生额，以掩饰挪用现金的事实。

错弊手法

将银行对账单和银行存款日记账上的同一发生额一起涂改，以保持账面上的平衡。

有时涂改银行对账单不便时，则故意通过多次折叠对账单上准备涂改的数字，使其破损或模糊不清，以混淆耳目。为使账证相符，有的还会趁记账人员工作疏忽，涂改相应的记账凭证。

查账方法

到银行重新打印一份有疑点的当月银行对账单与银行存款日记账上的记录进行核对。

（四）故意制造银行存款余额差错，伺机进行贪污

出纳人员登记银行存款日记账时，故意将余额计算错误，若不被发现，过一段时间后，伺机开出现金支票提现进行贪污。

错弊手法

在进行银行存款日记账余额计算时，故意将数字计算错误，如将收入3 856元故意颠倒写成3 586元，少记收入270元，或将支出5 196元故意颠倒写成5 916元，多记支出720元，如果在会计进行账务处理时被发现，则推说是看错数字，改过就行，不易被怀疑；如果在会计进行账务处理时没有被发现，过一段时间后再伺机开出现金支票提现进行贪污。

类似的手法还有故意漏记银行存款收入、重记银行存款支出等，这种手法看起来非常容易被察觉，但如果本年内未曾复核查明，以后除非再全部检查银行存款日记账，否则很难发现。

查账方法

开始时银行存款日记账余额与银行对账单余额不相符，也与银行存款总账余额不相符，开出现金支票提现贪污后，双方余额则相符。但提现后的现金支票存根不会再用于进行相关的账务处理，也不会登记银行存款日记账和现金日记账。因此，只要将现金支票存根按编号顺序抄录下来，看看是否存在缺号的现金支票存根，再核对银行存款日记账和现金日记账记录。

（五）公款私存

将公款以各种名义转入个人的银行户头存活期或定期，从而侵吞利息。

错弊手法

（1）以提取备用金的方式从银行提取现金，然后直接存入个人银行户头。

（2）以外埠采购机构采购员的名义将资金从单位银行账户转汇到个人银行账户。

（3）以“预付货款”的名义将资金从单位银行账户转汇到个人银行账户。

（4）虚拟业务开出银行汇票将银行存款转入个人账户。

查账方法

（1）如果是以现金方式保留在现金日记账中的，可通过清点库存现金来查证。如果是以某种支出名义轧平了现金日记账的，可通过核对支出凭证、查证支出业务的真实性来查证。

（2）对长期以个人名义挂账的借款，如预付款、备用金和外埠存款等，查明长期挂账的原因，尤其是大额款项。

（六）混淆凭证用途，重复登记银行付款

故意混淆同一笔业务中不同用途的原始凭证，采用重复登记银行存款日记账付款的方式，伺机提现不入账，将款项占为己有。

错弊手法

在办理银行结算业务时，将银行结算凭证付款联和有关付款原始凭证的附件故意混淆，将同一笔业务的原始凭证分解成两笔付款业务，在银行存款日记账上进行重复登记，然后伺机提现不入账进行贪污。

查账方法

查阅原始凭证时，注意分辨各种不同类型和用途的原始凭证，防止鱼目混珠。

思考题

1. 现金收付业务中常见的错弊有哪些？

2. 银行存款内部控制的审查内容有哪些？

3. 如何确定出租、出借账户的疑点？

4. 不相容职务的审查内容有哪些？

5. 什么是未达账项？未达账项有哪几种？

6. 简述现金盘点的一般程序。

上岗一试

1.查账人员在审查公司6月份的账务时，发现采购员陈华2月13日出差时预借现金20 000元，2月21日出差回来报销差旅费8 000元，余款至今未交回。请分析采购员陈华的行为及查证方法。

2.南宁百货商行每月均从公司购进“靓爽牌”电吹风100~300台。查账人员在审查公司6月份销售收入时发现，本月销售给南宁百货商行的电吹风只有10台，与以往的销售量相距甚远，觉得有疑点。在调查中发现，号码为000180的普通发票记账联上列明销售数量为10台，单价500元，含税收入为5 000元；而对方发票联上列明的销售数量为200台，单价602元，含税收入为120 400元，货款已经以现金支付，但现金日记账中只有5 000元的收入。要求：

（1）指出该项销售业务中存在的问题及查证方法。

（2）计算公司隐瞒的销售收入和偷逃的增值税款。

（3）进行相关的会计调整。

3.银行核定公司库存现金限额为5 000元，6月9日库存现金为4 500元，6月10日公司发生下列现金业务：

（1）收到职工交来水电费650元；

（2）收到零星销售产品款21 000元；

（3）支付采购员预借差旅费3 000元；

（4）从银行提取现金150 000元备发工资；

（5）以现金150 000元支付职工工资；

（6）向市百货公司批发产品一批，收到现金80 000元；

（7）支付购买办公用品费80元；

（8）支付从农民手中收购橡胶的货款15 000元；

（9）支付从市五交化公司购入的材料货款20 000元；

（10）将现金35 000元存入银行。

要求：（1）指出以上业务中存在的问题。

（2）计算6月10日公司的库存现金余额，指出其是否存在问题。

4.公司李经理为了避免出纳员每次开完支票后都要跑来找他盖章的麻烦，就将财务专用章和他的私章一起交给出纳员保管，你认为这样做是否合理？为什么？

项目五
审查应收及预付款项

学习目标

- 掌握应收账款业务常见错弊的审查方法；
- 掌握预付账款业务常见错弊的审查方法；
- 掌握其他应收款业务常见错弊的审查方法；
- 掌握应收票据业务常见错弊的审查方法；
- 能正确审查应收及预付账款业务错弊行为；
- 塑造严谨细致的品质及主人翁意识。

任务一 审查应收账款业务

一、应收账款业务常见的错弊行为及审查方法

应收账款是指企业因销售商品、提供劳务等经济活动，应向购货单位或接受劳务单位收取的款项，主要包括企业销售商品或提供劳务等应向有关债务人收取的价款及代购货单位垫付的包装费、运杂费等。应收账款业务中常见的错弊行为及相应的审查方法主要有以下几种。

（一）协助他人长期占用企业资金

主要表现为应收某个单位的账款数额较大，且长期不去催收。

错弊手法

将商品大量销售给具有某种特殊关系的客户后，任由其长期占用企业的资金而不去催收，相当于为其提供了长期的“无息贷款”，并从中获取某些经济利益。有的企业领导

甚至与不法商户相互勾结，里应外合，通过赊销来转移企业财产，故意使应收账款无法收回，然后将骗取的企业财产据为己有。

查账方法

（1）从应收账款明细账中查找疑点，重点是长期无法收回且金额较大的应收账款。

（2）询问应收款项长期无法收回的原因。

（3）了解债务人的财务状况，如果其财务状况较好，则查证该债务人企业与本企业的关键人员是否存在某种特殊关系，并采取措施收回款项。

（二）利用“应收账款”账户虚列收入

为完成当年利润计划或承包任务，利用权责发生制的特点，通过虚假出售的方式，将“售出”商品的收入计作当年收入，同时将其产生的赊销款挂在应收账款下，购货方并不需要支付产品的款项。

错弊手法

（1）年末先开出虚假销售发票，并据以确认销售收入，同时虚构一个购货单位，将货款挂在虚构购货单位的“应收账款”明细账户上，下年初再以对方退货的名义开出红字销售发票，冲减下年的销售收入。

（2）在订有销售合同的情况下，采用“提前销售”的方式，将应在下一年实现销售的收入提前计入当年收入。

查账方法

查法一：由于采用虚假购货单位的方式造假，其“应收账款”不便挂账太久。如果挂账时间太长，以后就不方便“退货”，也不容易将挂账的“应收账款”冲平，所以一般都会在下年初通过“退货”的账务处理将“应收账款”冲平。因此，查证时比较简单，如果发现年初存在因退货而冲销上年末“应收账款”的账务处理，只要对照其是否为上年末发生的销售收入就可确定为疑点，再进行深入查证。

查法二：由于跟购货单位订有销售合同，这些虚假销售与正常销售一样，同样有销售合同，也会发生产品转移，只是“提前销售”，将下一年的销售收入“提前”计入到当年，从会计处理上难以区分，查证时需要注意核对合同上的交货日期，并向购货单位进行必要的询问或函证。

（三）利用“应收账款”账户私设“小金库”或挪用公款

错弊手法

应收账款收回后不入账，而是转入“小金库”存放。个别会计人员利用职务之便，采用以新换旧的方式长期挪用收回的应收账款。

查账方法

可将数额较大且长期挂账的应收账款列为疑点，采用询证法向挂账单位确认长期挂账的应收账款存在的真实性。

【例5-1】 2019年9月19日，查账人员在审查南宁市永丰有限责任公司“应收账款”明细账（图5-1）时发现，应收山西新星贸易公司的销货款640 000元为上年结转，金额较大且长期挂账，决定将其列为疑点，并向山西新星贸易公司发函询问。

应收账款明细账

子科目：**山西新星贸易公司**

2019		凭证		摘要	借方										贷方										借或贷	余额										√
月	日	字	号数		千	百	十	万	千	百	十	元	角	分	千	百	十	万	千	百	十	元	角	分		千	百	十	万	千	百	十	元	角	分	
1	1			上年结转																					借			6	4	0	0	0	0	0	0	

图5-1 应收账款明细账

记录疑点

应收账款金额较大且长期挂账不催收。

查账方法

向山西新星贸易公司发出《询证函》询问。山西新星贸易公司收到南宁市永丰有限责任公司的《询证函》后，2019年9月26日复函称，所欠应付账款640 000元已于2018年7月10日一次性付清（图5-2）。

既然山西新星贸易公司已将货款付清，为何仍旧挂账呢？查账人员随即调阅了2018年7月份的银行对账单（图5-3），发现南宁市永丰有限责任公司7月12日确实收到1笔金额为640 000元的货款，但7月13日又付出1笔数额相等的货款。在核对“银行存款日记账”时，却没有发现这两笔金额相等的一进一出记录（图5-4）。

询　证　函

编号：京262-08-2-6

山西新星贸易公司：

本公司现聘请同新会计师事务所对本公司2019年有关财务会计报告进行审计，因查账工作需要，按照中国注册会计师独立审计准则的要求，应当询证本公司与贵公司的往来账项等事项。截至2019年9月19日，本公司与贵公司往来账项列示如下：

项目	贵公司欠本公司	本公司欠贵公司
销货款	640 000	

若款项已在上述日期之后已经付清，仍请及时复函为盼。

南宁市永丰有限责任公司

2019年9月19日

1.数据证明无误

签章：

年　月　日

2. 数据不符：我公司已于2018年7月10日，一次性将所欠贵公司货款640 000元付清。

欠公司账面数：0

山西新星贸易公司

2019年9月26日

图5-2　询证函示意图

中国工商银行长堽支行分理处

单位：南宁市永丰有限责任公司　　2018 年 7 月 31 日　　账号：**1704003450509345678**

月	日	摘要	借方	贷方	余额
7	1	月初余额			360 000
7	4	提取备用金	3 000		357 000
7	9	收押金		8 000	365 000
7	12	收货款		64 0000	1005 000
7	13	付货款	64 0000		365 000
7	24	提取备用金	3 500		361 500
7	28	购入复印件	14 685		346 815
7	29	付采购专户款	50 000		296 815
7	31	收货款		21 645	318 460

图 5-3　2018 年 7 月的银行对账单

银行存款日记账

2018		凭证		摘要	对方科目	借方										贷方										余额										√
月	日	种类	号数			千	百	十	万	千	百	十	元	角	分	千	百	十	万	千	百	十	元	角	分	千	百	十	万	千	百	十	元	角	分	
7	1			期初余额																								3	6	0	0	0	0	0	0	
7	4	记	1	提取备用金																3	0	0	0	0	0			3	5	7	0	0	0	0	0	
7	9	记	13	收押金						8	0	0	0	0	0													3	6	5	0	0	0	0	0	
7	24	记	15	提取备用金																3	5	0	0	0	0			3	6	1	5	0	0	0	0	
7	28	记	19	购买复印机															1	4	6	8	5	0	0			3	4	6	8	1	5	0	0	
7	29	记	29	付采购专户款															5	0	0	0	0	0	0			2	9	6	8	1	5	0	0	
7	31	记	36	收货款					2	1	6	4	5	0	0													3	1	8	4	6	0	0	0	

图 5-4　银行存款日记账

查账结论

经询问出纳员后得知，为逃避监管，方便开支，在单位领导的授意下，出纳员将收回的应收账款640 000元不入账，而是转入“小金库”存放。

会计调整

责令有关人员将“小金库”的款项转回时，作分录调整如图5-5所示。

> 注意：如果“小金库”的款项已经使用，则应追回有关原始凭证，根据其用途进行相关账务处理，记入有关资产、费用账户中；如果已用的款项不符合报销原则，或无法提供相关原始凭证的，应责令有关责任人赔偿，记入“其他应收款”账户中。

记账凭证

2019 年 9 月 26 日　　　　　　　　　　　　记字第 38 号

摘　要	总账科目	明细科目	√	借方金额									贷方金额								
				百	十	万	千	百	十	元	角	分	百	十	万	千	百	十	元	角	分
转回小金库款	银行存款				6	4	0	0	0	0	0	0									
	应收账款	山西新星贸易公司												6	4	0	0	0	0	0	0
合　计					6	4	0	0	0	0	0	0		6	4	0	0	0	0	0	0

附件 1 张

会计主管：**董翠英**　记账：**赵依**　出纳：**何惠珠**　复核：**董翠英**　制单：**赵依**

图 5-5　分录调整示意图

（四）应收账款的入账金额不真实

在存在现金折扣的情况下，应收账款的金额不按总额法入账，而是按净额法入账，以达到减少收入、降低利润的目的。

错弊手法

在根据销售发票进行财务处理时，故意扣除现金折扣金额，以折扣后的金额作为收入入账，以减少当期的销售收入。

查账方法

复核有关销货发票的金额，看其与“应收账款”“主营业务收入”等账户记录是否一致，确定问题所在。

二、预付账款业务常见的错弊行为及审查方法

预付账款是指企业按照购销合同的规定，预先支付给供应单位的款项。预付账款属于企业的一项短期性债权，如购货、接受劳务时预付的定金（或订金）以及在建工程预付的工程价款等。但不包括预付保险费、预付报刊订阅费等预付性费用支出。企业发生的受益期限在1年以内的预付性费用支出，应直接计入当期损益；受益期限超过1年的预付性费用支出，应列为长期待摊费用。

预付账款业务中常见的错弊及审查方法主要有以下几种。

（一）将销售收入列为“预付账款”

按规定，预付账款业务主要的账务处理如下：

（1）企业因购货而预付的款项，借记“预付账款”科目，贷记“银行存款”科目。

（2）收到所购物资时，根据发票账单明细应计入购入物资成本的金额，借记“材料采购”或“原材料”、“库存商品”等科目，按专用发票上注明的增值税额，借记“应交税费——应交增值税（进项税额）”科目，按应付金额，贷记“预付账款”科目。

（3）补付的款项，借记“预付账款”科目，贷记“银行存款”科目。

（4）退回多付的款项，借记“银行存款”科目，贷记“预付账款”科目。但有些企业却将正常的销售收入作为预付账款业务进行核算，造成账户对应关系混乱，从而达到截留收入，推迟纳税或偷税的目的。

错弊手法

在正常的产品销售业务发生后，故意将销售发票隐藏起来，只根据银行收款结算凭证将销售收入作为退回的预付账款入账。

查账方法

（1）将销售收入作为退回的预付账款入账，必然会造成“预付账款”账户出现贷方余额，可将有大额贷方余额的“预付账款”账户列为疑点进行审查，审阅“预付账款”账户的期初余额和对应账户的记录，并用询证法向对方单位查询。

（2）产品销售后若结转相应销售成本的，其用于计算产品销售成本的产品数量必然与用于确认收入的产品数量不符，可用复核法计算确定两者的数量是否相符。

（3）产品销售后若不结转相应销售成本的，实际库存的商品必然账实不符，可用盘点法进行查证。

【例5-2】 南宁市永丰有限责任公司8月9日根据“信汇”收账通知单（图5-6）编制“记账凭证”（图5-7）。2019年9月26日，查账人员在将其与“预付账款”明细账（图5-8）进行核对时发现，桂林恒信有限责任公司“预付账款”出现大额贷方余额，决定将其列为疑点。

记录疑点

南宁市永丰有限责任公司8月9日收到桂林恒信有限责任公司2019年8月5日汇入的565 000元，作为收回预付款项记入“预付账款”账户中。然而，桂林恒信有限责任公司“预付账款”账户在此之前并无发生额，因此就出现了贷方余额（图5-8）。

中国工商银行信汇　凭证（收账通知）　　第 # 号

委托日期　2019 年 8 月 5 日　　应解款编号

汇款人	全称	桂林恒信有限责任公司	收款人	全　称	南宁市永丰有限责任公司	
	账号或地址	20346001581		账　号	1704003450509345	
	开户银行	工行桂林海秀路营业部		开户银行	工行长堽支行分理处	行号
金额	人民币（大写）	人民币伍拾陆万伍仟元整			千百十万千百十元角分	¥ 5 6 5 0 0 0 0 0
款项内容		委托收款凭证名称			附寄单证张数	
备注：					科目（借）： 对方科目（贷）： 汇入行解汇日期 2019 年 8 月 9 日	

收款人开户银行在款项收妥后给收款人的收账

单位主管　　会计　　复核　　记账　付款人开户银行收到日期　　年　月　日　　支付日期　年　月　日

图 5-6　信汇收账通知单

记账凭证

2019 年 8 月 9 日　　记字第 7 号

摘　要	总账科目	明细科目	√	借方金额 百	十	万	千	百	十	元	角	分	贷方金额 百	十	万	千	百	十	元	角	分
收回预付款	银行存款				5	6	5	0	0	0	0	0									
	预付账款	桂林恒信有限责任公司												5	6	5	0	0	0	0	0
合　计					5	6	5	0	0	0	0	0		5	6	5	0	0	0	0	0

附件 1 张

会计主管：董翠英　记账：赵依　　出纳：何惠珠　　复核：董翠英　　制单：赵依

图 5-7　记账凭证

预付账款明细账

子科目：桂林恒信有限责任公司

2019 月	日	凭证 字	号数	摘　要	借方 千	百	十	万	千	百	十	元	角	分	贷方 千	百	十	万	千	百	十	元	角	分	借或贷	余额 千	百	十	万	千	百	十	元	角	分	√
8	9	记	7	收回预付款													5	6	5	0	0	0	0	0	贷			5	6	5	0	0	0	0	0	

图 5-8　预付款明细账

查账方法

采用复核法计算8月份产品销售数量（表5-1）和结转销售成本的产品数量（表5-2）。

表5-1　　8月份产品销售数量统计表

产品编码	品牌	型号	价格/元	数量
D01	洁静牌吸尘器	X0011	1 000	843/台
D02	靓爽牌电吹风	D0022	500	2 670/台

表5-2　　8月份结转产品销售成本数量统计表

产品编码	品牌	型号	价格/元	数量
D01	洁静牌吸尘器	X0011	720	843/台
D02	靓爽牌电吹风	D0022	396	3 670/台

从以上两个统计表的数字对比中可以看出，“洁静牌吸尘器”的销售数量和结转销售成本的产品数量是相等的，都是843台。但“靓爽牌电吹风”的销售数量是2 670台，而结转销售成本的产品数量却是3 670台，结转销售成本的产品数量比销售产品的数量多出了1 000台。按照500元1台的价格计算1 000台“靓爽牌电吹风”的销售收入是500 000元，增值税销项税额是65 000元，合计565 000元，与桂林恒信公司“预付账款”账户所发生的贷方余额正好相符，将销售收入作为退回的预付账款来入账的可能性极大。

查账结论

经询问会计人员后得知，为隐瞒销售收入，虚减当期利润，达到少交增值税和所得税的目的，就将销售发票隐藏起来，只根据银行收款结算凭证作收回预付账款来处理。

会计调整

先用红字冲销2019年8月份第7号记账凭证（图5-9），然后再根据销售发票补记销售收入（图5-10）。

（二）预付账款长期挂账形成坏账

企业根据购销合同预付货款后，长期未能收到所要购买的商品、材料等物资，又不积极采取措施催收货款，形成长期挂账，给企业造成另一种形式的坏账损失。

错弊手法

（1）与他人串谋，以预付账款的名义将资金转入与其有特殊关系的企业，故意长期

记账凭证

2019 年 9 月 26 日　　　　记字第 39 号

摘 要	总账科目	明细科目	√	借方金额									贷方金额								
				百	十	万	千	百	十	元	角	分	百	十	万	千	百	十	元	角	分
冲销 8 月份第 7 号凭证	银行存款				5	6	5	0	0	0	0	0									
	预付账款	桂林恒信有限责任公司												5	6	5	0	0	0	0	0
合 计				¥	5	6	5	0	0	0	0	0	¥	5	6	5	0	0	0	0	0

附件 1 张

会计主管：**董翠英**　记账：**赵依**　出纳：**何惠珠**　复核：**董翠英**　制单：**赵依**

图 5-9　记账凭证

记账凭证

2019 年 9 月 26 日　　　　记字第 40 号

摘 要	总账科目	明细科目	√	借方金额									贷方金额								
				百	十	万	千	百	十	元	角	分	百	十	万	千	百	十	元	角	分
订正 8 月份第 7 号凭证	银行存款				5	6	5	0	0	0	0	0									
	主营业务收入	靓爽电吹风												5	0	0	0	0	0	0	0
	应交税费	应交增值税（销项税额）													6	5	0	0	0	0	0
合 计				¥	5	6	5	0	0	0	0	0	¥	5	6	5	0	0	0	0	0

附件 1 张

会计主管：**董翠英**　记账：**赵依**　出纳：**何惠珠**　复核：**董翠英**　制单：**赵依**

图 5-10　记账凭证

挂账，使其形成坏账无法收回，以图瓜分企业的财产。

（2）对销货方信誉、货源情况不够了解，预付了货款，但无法收到所要购买的商品、材料等物资，形成长期挂账，给企业造成损失。

查账方法

（1）审阅“预付账款”明细账的账龄及相关的记账凭证、原始凭证。

（2）审阅本单位与销售方签订的合同，调查询问有关单位和人员，以查证购销合同的真实性、有效性和必要性，查证合同所列物资是否为本企业生产经营所需。

（3）询问有关单位和人员，调查购销合同签订过程中是否存在因收取回扣或好处费而过度信赖销货方。

（三）利用“预付账款”账户挪用资金或私设“小金库”

编造虚假购销合同，虚构预先支付给供应单位的款项，然后将资金转出挪用或转入“小金库”。

错弊手法

通过银行转账将资金转入其秘密账户，或直接截留企业的现金收入挪作他用后，虚设一个供应单位，以预付账款的名义进行会计处理。

查账方法

（1）审查是否与所列的供应单位签订购销合同。

（2）查证所列的供应单位是否真实存在。

（3）用查询法询问供应单位，以确定预付账款是否真实存在。

【例5-3】2019年9月23日，查账人员在审查南宁市永丰有限责任公司8月16日第7号记账凭证（图5-11）时，发现“预付账款”所列明细账不详，决定将其列为疑点。

记账凭证

2019 年 8 月 16 日　　　　记字第 7 号

摘　要	总账科目	明细科目	√	借方金额									贷方金额								
				百	十	万	千	百	十	元	角	分	百	十	万	千	百	十	元	角	分
收回预付款	预付账款	友谊商场			1	5	0	0	0	0	0	0									
	库存现金													1	5	0	0	0	0	0	0
合　计				¥	1	5	0	0	0	0	0	0	¥	1	5	0	0	0	0	0	0

附件 1 张

会计主管：**董翠英**　记账：**赵依**　出纳：**何惠珠**　复核：**董翠英**　制单：**赵依**

图 5-11　记账凭证

记录疑点

（1）所列“预付账款”明细账为“友谊商场”，但具体地址不详。

（2）与供应单位没有签订以预付账款方式进行采购的购销合同。

（3）以现金150 000元预付的货款已远远超过了转账起点金额，而且记账凭证后面也没有附友谊商场收到预付货款的现金收据。

查账方法

（1）询问“友谊商场”的具体地址，并当场进行必要的电话询证。

（2）询问为何以现金150 000作为预付货款？为何以现金付款后又没有收到友谊商场的现金收据？

查账结论

经询问会计人员后得知，企业为设置“小金库”，将平时发生的零星现金销售收入款存放在保险柜里，不送存银行，待积累到150 000元时就虚设一个“友谊商场”，以预付货款的名义将款项转入事先开立的私人存折里，用于“小金库”开支。

会计调整

可直接作分录将“小金库”的款项转入银行户头（图5-12）。

记账凭证

2019年9月26日　　　　记字第41号

摘　要	总账科目	明细科目	√	借方金额									贷方金额								
				百	十	万	千	百	十	元	角	分	百	十	万	千	百	十	元	角	分
转回小金库款项	银行存款				1	5	0	0	0	0	0	0									
	预付账款	友谊商场												1	5	0	0	0	0	0	0
合　计				¥	1	5	0	0	0	0	0	0	¥	1	5	0	0	0	0	0	0

附件　张

会计主管：董翠英　记账：赵依　出纳：何惠姝　复核：董翠英　制单：赵依

图5-12　记账凭证

任务二　审查应收票据和其他应收款业务

一、应收票据业务常见的错弊行为及审查方法

应收票据是指企业销售商品、提供劳务等收到的商业汇票。商业汇票按承兑人不同，分为银行承兑汇票和商业承兑汇票两种；按是否带息，分为带息商业汇票和不带息商业汇票。不带息商业汇票到期时，承兑人只按票面金额向收款人或被背书人支付款项，而带息商业汇票到期时，承兑人必须按照票面金额加上应计利息向收款人或被背书人支付票款。

按现行制度规定，企业收到开出、承兑的商业汇票无论是否带息，均按应收票据的票面价值入账。带息应收票据按票面价值和规定利率确定的利息收入，在收到时计入当期损益。

应收票据业务常见的错弊及查证方法主要有以下几种。

（一）不设置“应收票据备查簿”

企业在收到应收票据时，除了设置“应收票据”账户进行总分类核算，并按开出、承兑商业汇票的单位设置明细账，进行明细分类核算外，还应当设置“应收票据备查簿”，逐笔登记商业汇票的种类、号数和出票日期、票面金额、交易合同号和付款人、承兑人、背书人的姓名或单位名称、到期日、背书转让日、贴现日期、贴现率、贴现净额以及收款日期和收回金额、退票情况等资料。应收票据到期结清票款或退票后，应当在备查簿中予以注销。

错弊手法

企业在收到应收票据时，只设置“应收票据”账户进行总分类、明细分类账核算，不设置“应收票据备查簿”，不对每一笔商业汇票的详细情况及资料进行登记和反映，造成对应收票据核算不详细、不清楚、兑现不及时。

查账方法

查账人员只需审阅被查单位的账户设置情况，检查其是否设置“应收票据备查簿”便可发现问题。对此，查账人员可建议被查单位设置一套完整的应收票据核算账簿体系，以便能对其进行详细、清楚、及时的核算，但不需要作出账务调整。

（二）“应收票据”账户长期挂账

商业承兑汇票到期时，由于付款人无商业信用或无支付能力而无法兑现款项，企业应将该款项从“应收票据”账户转记到“应收账款”账户，结转后“应收票据”账户应无余额。

错弊手法

商业承兑汇票到期不能兑现时，不将票款转入“应收账款”账户登记，而是任由其长期挂账，意图在账面上不按实际反映坏账的金额。

查账方法

（1）审阅“应收票据”账户和“应收票据备查簿”，核对应收款的日期；

（2）询问款项长期无法收回的原因；

（3）了解付款人的信用和财务状况，确定收回款项的可能性，派专人组织催收。

（三）以“贴现”的方式向特殊关系户背书转让

贴现是指票据持有人将未到期的票据在背书后送交银行，银行受理后从票据到期价值中扣除按银行贴现率计算确定的贴现利息，将余额付给持票人。作为银行对企业的短期贷款，其实质也是企业融通资金的一种形式。但在实际工作中，企业间在进行商品购销过程中背书转让应收票据时，有时也会进行些适当的“贴现”。

错弊手法

以较高的“贴现”率将票据转让给特殊的关系户，从中牟利，损公肥私。

查账方法

根据银行同期贴现率计算确定实际贴现利息，然后核对企业背书转让票据时的“贴现”额，若企业的“贴现”额高于银行同期的贴现利息，则可将其列为疑点进行深入调查。

【例5-4】查账人员在2019年9月26日审查时发现，南宁市永丰有限责任公司2019年8月19日将一张面值为464 000元，到期日为10月24日的不带息商业承兑汇票背书转让给南宁市同心有限责任公司用于购买Y型电动机，价款400 000元，增值税进项税额52 000元，差额作为转让“贴现”利息处理（图5-13）。

记账凭证

2019年8月19日　　　　记字第41号

摘　要	总账科目	明细科目	√	借方金额									贷方金额									
				百	十	万	千	百	十	元	角	分	百	十	万	千	百	十	元	角	分	
购入原材料	原材料	Y型电动机			4	0	0	0	0	0	0	0										附件3张
	应交税额	应交增值税（进项税额）				5	2	0	0	0	0	0										
	财务费用	贴现息				1	2	0	0	0	0	0										
	应收票据	商业承兑汇票												4	6	4	0	0	0	0	0	
合　计				¥	4	6	4	0	0	0	0	0	¥	4	6	4	0	0	0	0	0	

会计主管：董翠英　记账：赵依　出纳：何惠珠　复核：董翠英　制单：赵依

图5-13　记账凭证

记录疑点

票据背书转让日至票据到期日共为66天，而“贴现”利息12 000元是否高于按银行同期贴现率计算的贴现利息?

查账方法

（1）向银行了解到同期票据贴现率为5%。

（2）按银行同期贴现率计算的贴现利息=464 000×5%×66÷360=4 253（元），南宁市永丰有限责任公司背书转让票据“贴现”的利息额高于银行同期的实际贴现利息7 747元（12 000−4 253）。

查账结论

经调查询问会计人员，并向南宁市同心有限责任公司证实后得知，南宁市同心有限责任公司已以现金方式付给南宁市永丰有限责任公司票据转让差价10 000元，双方协商的实际贴现利息仅为2 000元。南宁市永丰有限责任公司的3名会计人员收到现金后，随即将其瓜分。为掩人耳目，将其全部列入“财务费用”中。

会计调整

责令3名会计人员交回非法所得现金，并根据收款收据及时作会计分录入账（图5-14）

记账凭证

2019年9月26日　　　　记字第42号

摘要	总账科目	明细科目	√	借方金额									贷方金额								
				百	十	万	千	百	十	元	角	分	百	十	万	千	百	十	元	角	分
收回票据转让差价	库存现金					1	0	0	0	0	0	0									
	财务费用	贴现息													1	0	0	0	0	0	0
合计					¥	1	0	0	0	0	0	0		¥	1	0	0	0	0	0	0

附件3张

会计主管：董翠英　记账：赵依　出纳：何惠珠　复核：董翠英　制单：赵依

图5-14　记账凭证

二、其他应收款业务错弊的审查方法

其他应收款是指企业除应收票据、应收账款和预付账款以外的其他各种应收、暂付款项，主要包括：应收的各种赔款、罚款，应收的租金、备用金，存出保证金及应向职工收取的各种垫付款项等。一般情况下，其他应收款的金额要比应收账款的金额小很多，且具有业务内容复杂、子科目多、同一子科目业务发生不频繁、使用现金结算较多和金额较小、不易引人注意等特点，容易出现漏洞，因而常常被舞弊者所利用。

其他应收款常见的错弊及查证方法主要有以下几种。

（一）职工借款占用的金额过大

职工因私借款不能占用企业的生产经营资金，只能从特定途径取得，如职工互助储蓄金等。有些企业的借款公私不分，把关不严，造成职工因私借款占用企业的生产经营资金过大，影响企业的资金周转。

错弊手法

审批不严，公私不分，随意批准员工借款，且长期不扣收，造成职工大量借款，占用企业大量的生产经营资金。

查账方法

审查职工借款凭证的用途是否符合规定、审批手续是否合理，有无恶意占用企业资金的行为。

（二）差旅费多借少还

职工因公出差可以预借差旅费，但业务办理完毕后应及时报销冲账，剩余款项也应及时退回企业。有些业务人员采用多借少还的方式预支差旅费，业务办理完毕后不及时报销冲账，剩余款项也不及时退还企业，而是故意长期占用。

错弊手法

故意谎报业务项目、地点，或是故意高估业务办理的难度和时间，在填写借款单时多列借款金额。办完业务回来后，不及时报销冲账；报销后若有余款也不退还企业，而是继续保留挂账。

查账方法

（1）核对借款单的发生时间和报销冲账的时间，确定该项业务办理的合理时间范围，查看是否有借款后长期不报销的情况。

（2）审查“其他应收款”明细账余额，查看是否有报销后仍有较大余额借款的情况，询问剩余款项不退还企业的原因。

（三）利用其他应收款账目公款私存

错弊手法

会计人员虚设一个“其他应收款”明细账，从企业的账户中将大笔资金转出，以个人名义存入定期账户，到期后再私分利息。

查账方法

审查长期挂账的大额“其他应收款”明细账，从中查找疑点；核对有关原始凭证，从形成其他应收款的理由中确定疑点；查证“其他应收款”明细账的单位名称的真实性，必要时可采用查询法查证。

（四）以白条入账挪用公款

错弊手法

会计人员挪用公款后，为平衡账目，私自填写借款单，不经有关领导签名或冒充领导签名，据以进行相关会计处理。

查账方法

审查“其他应收款”明细账，并核对相关原始凭证，查证其审批手续是否完备，有无虚假冒签。

（五）编造借款名目挪用现金

错弊手法

编造虚假的业务理由，骗取单位有关领导的签名，取得借款后长期占用不还。

查账方法

审查“其他应收款”明细账，从长期挂账的明细账中查找疑点。

【例5-5】 查账人员在2019年9月26日审查南宁市永丰有限责任公司2019年8月“其他应收款”明细账（图5-15）时发现，电吹风生产车间生产工人李云英从2019年1月28日借款8 000元至今未还，决定将其列为疑点进行调查。

其他应收款明细账

子科目：**李云英（备用金）**

2019		凭证		摘要	借方										贷方										借或贷	余额										√
月	日	字	号数		千	百	十	万	千	百	十	元	角	分	千	百	十	万	千	百	十	元	角	分		千	百	十	万	千	百	十	元	角	分	
1	28	记	21	借款					8	0	0	0	0	0											借					8	0	0	0	0	0	

图 5-15　其他应收款明细账

记录疑点

（1）李云英所借款项挂账已经超过半年，为何既不报销冲账又不按月从其工资中扣收？

（2）从表面上看，李云英所借款项似乎为定额备用金。但李云英为生产车间生产工人，是否具备借支定额备用金的条件？

查账方法

（1）审阅“工资结算表”，了解李云英工资收入情况。从“工资结算表”（图5-16）中可以看出，李云英上月实发工资为3 960元，工资收入相对较高，但却没有任何代扣款。

工资结算表

部门：电吹风生产车间　　2019年8月6日

编号	姓名	基本工资	津贴	奖金	缺勤应扣		应付工资	代扣款项		实发工资	签收
					事假	病假		代扣税款	其他代扣		
1	陈一	3000.00	180.00	500.00			3680.00		80.00	3600.00	陈一
2	李云英	3400.00	160.00	400.00			3960.00			3960.00	李云英
3	张丁	2900.00	160.00	500.00	60.00		3500.00		40.00	3460.00	张丁
4	黄玲	2890.00	160.00	360.00			3410.00		25.00	3385.00	黄玲
5	赵家	3100.00	160.00	240.00		20.00	3480.00			3480.00	赵家
6	林平	3200.00	160.00	410.00			3770.00			3770.00	林平
合计		18490.00	980.00	2410.00	60.00	20.00	21800.00		145.00	21655.00	

审核：**董翠英**　　部门负责人：**董翠英**　　制表：**赵依**

图 5-16　工资结算表示意图

（2）查阅李云英1月份借款凭证（图5-17）。

借　款　单

2019年1月28日

借款部门	电吹风生产车间	职别	工人	借款人姓名	李云英
借款事由	购物				
借款金额人民币（大写）：		人民币捌仟元整			￥8 000.00
部门负责人审批意见：		董翠英	公司负责人审批意见：		

收款人：李云英

图5-17　李云英1月份借款凭证

从李云英1月份借款单中可以看出，借款单上“借款事由”栏内注明“购物”，用途不明，不属于定额备用金；“公司负责人审批意见”栏内没有领导签名，属于不符合财务审批手续的“白条”。

查账结论

经调查询问相关知情人得知，李云英与财务部负责人董翠英具有亲戚关系。李云英今年春节前想置换一套全新的家具，由于资金不足，董翠英就利用职务之便为其编造虚假业务理由，私自填写借款单，不经有关领导签名而将款项借给李云英使用，据此进行相关会计处理，以白条入账挪用公款，且长期不收回。为掩人耳目，董翠英授意记账人员在记账时以“备用金”的名义挂账。

思考题

1. 应收账款中常见的错弊行为有哪些？
2. 预付账款中常见的错弊行为有哪些？
3. 如何查证利用“预付账款”账户设置“小金库”的舞弊行为？
4. 如何查证票据背书转让中“贴现”的舞弊行为？
5. 其他应收款业务中常见的错弊行为有哪些？

上岗一试

1. 查账人员在审查公司的应收账款情况时，发现一笔分录：

借：坏账准备　　　　700 000

　　贷：应收账款——南百电器商行　　　　700 000

经核对，该项销售业务发生于3年前。经查证，南百电器商行财务状况一向稳定，人气较旺，不存在无法支付货款的问题。同时，南百电器商行的老板是公司经理的父亲。

要求：（1）分析该项业务可能存在的错弊行为及查证方法。

（2）进行相关的会计调整。

2.查账人员在审查公司6月份的销售收入时，发现一份附有5/10，3/20，N/30付款条件的销售业务，发票上列明销售收入300 000元，增值税39 000元，而编制的会计分录是：

借：应收账款——南百电器商行　　　324 000

　　贷：主营业务收入　　　285 000

　　应交税费——应交增值税（销项税额）　39 000

要求：（1）指出该项业务存在的问题和查证方法。

（2）进行相关的会计调整。

3.查账人员2019年11月20日在审查公司的账目时，发现下列“应收票据”明细账有疑点（图5-18）。

应收票据明细账

子科目：**银行承兑汇票**

2019		凭证		摘要	借方										贷方										借或贷	余额										√
月	日	字	号数		千	百	十	万	千	百	十	元	角	分	千	百	十	万	千	百	十	元	角	分		千	百	十	万	千	百	十	元	角	分	
1	28	记	21	借款				4	8	0	0	0	0	0											借				4	8	0	0	0	0	0	

图5-18　应收票据明细账

要求：（1）指出疑点所在。

（2）分析其可能使用的舞弊手法。

（3）进行相关的会计调整。

项目六
审查存货业务

学习目标

- 了解存货收发的计价原则；
- 掌握监督盘点的要点；
- 掌握存货业务常见错弊的审查方法；
- 能正确审查存货业务的错弊行为；
- 提升发现问题、解决问题的能力。

任务一　核算及盘点存货

一、存货的类别

存货是指企业在日常生产经营过程中持有以备出售的产成品或商品、处在生产过程中的在产品、在生产过程或提供劳务过程中耗用的材料或物料等：包括各类材料、在产品、半成品、产成品、商品以及包装物、低值易耗品等。存货的具体类别如下：

（1）原材料。企业生产过程中经加工改变其形态或性质并构成产品主要实体的各种原料及主要材料、辅助材料、燃料、修理用备件（备品备件）、包装材料、外购半成品（外购件）等。

（2）在产品。企业正在制造尚未完工的生产物，包括正在各个生产工序加工的产品和已加工完毕但尚未检验或已检验但尚未办理入库手续的产品。

（3）半成品。经过一定生产过程并已检验合格交付半成品仓库保管，但尚未制造完工成为产成品，仍需进一步加工的中间产品。

（4）产成品。工业企业已经完成全部生产过程并已验收入库，可以按照合同规定的条件送交订货单位，或者可以作为商品对外销售的产品。企业接受来料加工制造的代制品和为外单位加工修理的代修品，制造和修理完成验收入库后，应视同企业的产成品。

（5）商品。商品流通企业外购或委托加工完成验收入库用于销售的各种商品。

（6）包装物。为了包装本企业的商品而储备的各种包装容器，如桶、箱、瓶、坛、袋等。其主要作用是盛装、装潢产品或商品，但不包括包装用的绳、纸等包装材料。

（7）低值易耗品。不能作为固定资产核算的各种用具物品，如工具、管理用具、玻璃器皿、劳动保护用品以及在经营过程中周转使用的容器等。其特点是单位价值较低或使用期限相对于固定资产较短，在使用过程中保持其原有实物形态基本不变。

（8）委托代销商品。企业委托其他单位代销的商品。

二、存货取得和发出的计价原则

（一）存货取得时的计价原则

（1）购入的存货。按买价加运输费、装卸费、保险费、包装费、仓储费等费用，运输途中的合理损耗、入库前的挑选整理费用以及按规定应计入成本的税金和其他费用，作为实际成本。

（2）自制的存货。按制造过程中的各项实际支出作为实际成本。

（3）委托外单位加工完成的存货。以实际耗用的原材料或者半成品成本加上加工费、运输费、装卸费、保险费等费用以及按规定应计入成本的税金，作为实际成本。

（4）投资者投入的存货。按照投资各方确认的价值作为实际成本。

（5）接受捐赠的存货。按以下顺序确定其实际成本：

1）捐赠方提供了有关凭证的，按凭证上注明的金额加上应支付的相关税费作为实际成本。

2）捐赠方没有提供有关凭证的，按同类或者类似存货的市场价格估计的金额，加上应支付的相关税费作为实际成本。

（6）客户支付非现金对价的，企业应当按照非现金对价的公允价值确定交易价格。非现金对价的公允价值不能合理估计的，企业应当参照其承诺向客户转让商品的单独售价间接确定交易价格。非现金对价的公允价值因对价形式以外的原因而发生变动的，应当作为可变对价，合同中存在可变对价的，企业应当按照期望值或最可能发生金额确定可变对价的最佳估计数，但包含可变对价的交易价格，应当不超过在相关不确定性消除时累计已确认收入极可能不会发生重大转回的金额。企业在评估累计已确认收入是否极可能不会发生重大转回时，应当同时考虑收入转回的可能性及其比重。

单独售价，是指企业向客户单独销售商品的价格。

（7）盘盈的存货，按照同类或类似存货的市场价格作为实际成本。

（二）存货发出的计价原则

小企业存货一般按照实际成本核算，存货在发出时应当采用个别计价法、先进先出法、月末一次加权平均法、移动加权平均法等方法确定其实际成本。

三、盘点与监督存货

盘点也叫清点，它是通过对财产物资的实物清查，采用计量、计算和技术测定等方法，来证实账面记录的财物真实存在的查账技术。它实施于账实核对之前，是查账人员检查财产物资真实性和完整性、获取实物证据、证明账面数据、落实查账结果的重要手段。

存货应当定期盘点，大宗存货每年至少应当盘点一次，对现金、有价证券和贵重物资、稀缺物品等每月至少应当盘点一次。

（一）存货的盘点方法

（1）按盘点的范围划分，可分为全面盘点法和局部盘点法。

全面盘点法是指对本单位的全部财产进行全面盘点和核对，包括固定资产、原材料、在产品、产成品、现金、银行存款、往来账款、各种代管物资和外购商品等。全面盘点范围广、内容多，需要投入的人力、物力多，花费的时间长，一般较少采用。

局部盘点法是根据查账的需要或重大疑点，对局部财产物资进行盘点和核对。其特点是重点突出，投入的人力、物力较少，花费的时间较短，非特殊情况下一般都采用局部盘点法。

（2）按盘点的时间划分，可分为定期盘点法和不定期盘点法，两种盘点方法都可以是全面盘点也可以是局部盘点。

定期盘点法是指按预先计划安排的时间对财产物资进行盘点，一般在年度、季度、月度、每日结账时进行。

不定期盘点法也叫突击盘点法，是指事先并无计划安排，而是根据实际需要进行的临时性盘点。

（3）按查账人员参与的程度划分，可分为直接盘点法和间接盘点法。

直接盘点法也叫亲自盘点法，是指查账人员亲临盘点现场，亲自组织实施盘点和记录，并要求被查单位的有关人员协作的盘点方法。

间接盘点法也叫监督盘点法，是指查账人员不亲自执行盘点，而是由被查单位的有关人员组织和实施盘点，查账人员在现场对其盘点和记录的过程进行监督的盘点方法。除特殊情况外，查账人员一般采用间接盘点法。

（二）存货盘点的实施和监督

（1）对被查单位的重要财产物资，如货币资金、贵重金属、有价证券、票据单证、易移为生活用途的物资等应尽量采用突击盘点的方式进行，以避免被查单位的有关保管人员和会计人员事先串通“布防”，填补漏洞。

（2）对不能同步盘点的重要财产物资，应采取封存、看守等暂时性的保全措施，防止有关保管人员和会计人员将财产物资从一处迅速移动到另一处，以应付检查。特别是进行现金盘点时，要防止有关财务人员临时拼凑现金垫入金库，以掩盖其挪用现金的行为。

（3）查账人员通知被查单位盘点时，要注意观察被查单位有关人员的反应，对于其反应异常的盘点物资，或在商议盘点分工、开列盘点清单时，有意避重就轻的财产物资，查账人员在实施盘点时应特别注意盘查和监督。

（4）监督盘点时应有所侧重，对一般物资可适当放宽，对重要物资、容易出错的物资要严加监督、抽样复核，以避免漏记或重记。

（5）监督盘点时不仅要监督物，还要监督人；不仅要看其结果，还要分析其过程；不仅要对实物数量进行清点，还要对其相关的凭证进行检查分析。在监督盘点中发现异常情况，或是被查单位有意回避或企图转移查账人员视线的，查账人员应马上改为亲自盘点；对查账盘点后发现问题不大的，可中途改为监督盘点。

（6）在盘点重要财产物资时，参加盘点的查账人员最好在两人以上。同时，被查单位有关部门至少有一人参加，如财务部门盘点现金时应有出纳人员参加，仓库部门盘点库存存货时应有保管人员参加。但参加盘点的人员也不宜过多，以免人多手杂，出现错误和混乱。同时，也不宜让有违法乱纪的嫌疑人员参加盘点。

（7）在由查账人员亲自组织的盘点中，盘点的分工应由查账人员决定，被查单位有关人员可以从旁适当参与配合；在监督盘点中，查账人员应清楚被查单位盘点的程序和内容，并严格按照盘点程序执行，任何改变程序、减少工作环节的举动都要由被查单位有关人员事先向查账人员作出说明，并征得查账人员同意。

任务二 审查存货业务

一、存货取得业务常见的错弊行为和审查方法

（一）虚开农产品采购的增值税专用发票，以骗取进项税额抵扣

农产品加工企业一般从农民手中收购农产品进行加工。按照增值税暂行条例规定，

一般纳税人企业购入免税农产品，可以按照买价和规定的扣除率（9%或10%）计算进项税额，并准予从企业的销项税额中抵扣。一些企业就利用国家这一政策，虚购农产品，以骗取进项税额抵扣。

错弊手法

虚列农产品物资采购计划，虚开农产品采购的增值税专用发票，并以此计算进项税额进行抵扣。

查账方法

（1）查看企业的生产计划和用料计划，了解企业的生产能力，计算所购的物资量是否超过企业的生产能力。

（2）查看“原材料”明细账，了解其收发和结存情况。

（3）盘点库存原材料实存数，核对“原材料”明细账的结存数。

（4）审核产品成本计算单，将其产品成本水平与同类企业进行核对，因为虚购的物资必然会虚领、虚用，必然会加大产品的生产成本，甚至使产品成本远远高于同类企业产品的平均水平。

（二）通过“开票公司”购买增值税专用发票以骗取进项税额抵扣

“开票公司”是指以本身少量的交易业务为掩护，通过虚开增值税采购发票和增值税销售发票，自行将应交增值税轧平，然后将增值税销售发票提供给其他单位，并从中收取一定数额手续费的企业。一些企业只花很少的手续费从“开票公司”购买增值税专用发票，用于骗取进项税额抵扣。

错弊手法

从“开票公司”购买具有“真实”交易内容的增值税专用发票，并据以进行原材料等实物入账的财务处理，同时向税务机关申报增值税进项税额的抵扣。

查账方法

（1）企业一般不会经常从“开票公司”大量购入增值税专用发票，可将偶尔发生的、过去没有或很少有交易往来的、采购物资金额较大的业务列为疑点。

（2）企业从“开票公司”购入发票后，不会按发票上的金额给“开票公司”付款，一般是以挂往来账或以现金“支付”的方式进行财务处理；若通过银行转账付款，意图编造逼真的假象，也会在短期内将款项打回，可以此作为查账的切入点。

（3）虚购的物资也会以虚存、虚领、虚用的方式增加库存存货成本（或生产成本），可通过盘点、计算的方式确定其疑点。

（4）大量虚购的物资往往会使企业产品的“产量”超过企业的生产能力或远远超过同类企业的生产能力、产品成本水平，可用比较法进行查证。

【例6-1】查账人员在2019年8月1日审查南宁市永丰有限责任公司2019年7月份“原材料”明细账（图6-1）时发现，企业所生产的“洁静”牌吸尘器每月最大产销量不超过1 000台。生产吸尘器所用的离心式风机长期以来都是直接从生产厂家（珠海市有有设备厂）进货，单价250元，每次购入均不超过500台。期初库存尚有1 000台，可供生产1个月。本月10日一次性购入3 000台，数量远远超过以往，因此决定将其列为疑点进行调查。

最高存量
最低存量

		总页数
账号		
页数		

进　销　存　账

编号 2　　类别 C　　单位 台　　存放地点 材料库

2019年		凭证号数	摘要	收入											发出											结存											核对号
				数量	单价	金额									数量	单价	金额									数量	单价	金额									
月	日					百	十	万	千	百	十	元	角	分			百	十	万	千	百	十	元	角	分			百	十	万	千	百	十	元	角	分	
6	1		承上页																							1 000	250		2	5	0	0	0	0	0	0	
6	7	记7	购入	400	250		1	0	0	0	0	0	0	0												1 400	250		3	5	0	0	0	0	0	0	
6	12	记15	领用												300	250			7	5	0	0	0	0	0	1 100	250		2	7	5	0	0	0	0	0	
6	21	记26	购入	500	250		1	2	5	0	0	0	0	0												1 600	250		4	0	0	0	0	0	0	0	
6	28	记35	领用												600	250		1	5	0	0	0	0	0	0	1 000	250		2	5	0	0	0	0	0	0	
6	30		本月合计	900	250		2	2	5	0	0	0	0	0	900	250		2	2	5	0	0	0	0	0	1 000	250		2	5	0	0	0	0	0	0	
7	4	记3	购入	400	250		1	0	0	0	0	0	0	0												1 400	250		3	5	0	0	0	0	0	0	
7	6	记9	领用												200	250			5	0	0	0	0	0	0	1 200	250		3	0	0	0	0	0	0	0	
7	10	记17	购入	3 000	250		7	5	0	0	0	0	0	0												4 200	250	1	0	5	0	0	0	0	0	0	
7	15	记21	购入	500	250		1	2	5	0	0	0	0	0												4 700	250	1	1	7	5	0	0	0	0	0	
7	16	记23	领用												600	250		1	5	0	0	0	0	0	0	4 100	250	1	0	2	5	0	0	0	0	0	
7	24	记27	购入	400	250		1	0	0	0	0	0	0	0												4 500	250	1	1	2	5	0	0	0	0	0	
7	31		本月合计	4 300	250	1	0	7	5	0	0	0	0	0	800	250		2	0	0	0	0	0	0	0	4 500	250	1	1	2	5	0	0	0	0	0	
8	1	记6	领用												300	250			7	5	0	0	0	0	0	4 200	250	1	0	5	0	0	0	0	0	0	
			过次页												300	250			7	5	0	0	0	0	0	4 200	250	1	0	5	0	0	0	0	0	0	

图6-1　原材料明细账

记录疑点

（1）尚有大量库存原材料的情况下为何又要大量购入？

（2）以往每批购入离心式风机均不超过500台，为何本月一次性购入3 000台？

（3）如此大批量购入为何价格没有优惠（依然是250元/台）？

查账方法

（1）审阅相关记账凭证（图6-2）和原始凭证（图6-3、图6-4和图6-5）。

（2）从以上原始凭证可见，该批离心式风机是从南宁市长丰贸易公司购入的，并且已经支付全部货款，材料也在当日验收入库。该项业务凭证齐全、手续完备，似乎合情合理。但为何原先长期从生产厂家直接进货，本次突然改从南宁市长丰贸易公司购进呢？距离近了，成本却没有下降；批量大了，价格却没有优惠。

记账凭证

2019 年 07 月 10 日　　　　　　　　　　　　　　　记字第 9 号

摘要	科目		借方金额											贷方金额											√
	总账科目	明细科目	亿	千	百	十	万	千	百	十	元	角	分	亿	千	百	十	万	千	百	十	元	角	分	
购入材料	原材料	离心式风机				7	5	0	0	0	0	0	0												
	应交税费	应交增值税（进项税额）					9	7	5	0	0	0	0												
	银行存款																8	4	7	5	0	0	0	0	
合计					¥	8	4	7	5	0	0	0	0			¥	8	4	7	5	0	0	0	0	

附件 3 张

会计主管：董翠英　记账：赵依　出纳：何惠珠　复核：董翠英　制单：赵依

图6-2　记账凭证

南宁市增值税专用发票

发票联

（全国统一发票监制章　国家税务总局监制）

NO 06738812

开票日期：2019 年 7 月 10 日

购货单位	名称：南宁市永丰有限责任公司 纳税人识别号：410712345678001 地址、电话：南宁市长堽路 168 号 开户行及账号：工行长堽支行分理处 1704003450509345678	密码区					
货物或者应税劳务名称	规格型号	单位	数量	单价	金额	税率	税额
离心式吹风机	LF0002	台	3 000	250	750 000.00	13%	97 500
合计	人民币捌拾肆万柒仟伍佰元整					（小写）	¥847 500.00
销货单位	名　称：南宁市长丰贸易公司 纳税人识别号：110199258163520 地址、电话：南宁市朝阳区 258 号 010-64325768 开户行及账号：工行朝阳区支行 8145105866352170	备注					

第三联　发票联　购货方记账凭证

收款人：刘善雨　复核：董翠英　开票人：张慧琳　销货单位：（章）

（南宁市长丰贸易公司　财务专用章）

图6-3　原始凭证（一）

中国工商银行

转账支票存根

支票号码　XI1415141

科　　目 ____________

对方科目 ____________

签发日期 2019 年 7 月 10 日

收款人：**南宁市长丰贸易公司**

金额：**¥ 847 500.00**

用途：**购买材料**

备注：

单位主管：　　　　会计：

图 6-4　原始凭证（二）

入　库　单

入库部门：**采购部**　　　　2019 年 7 月 10 日　　　　字第 9 号

种类	编号	名称	规格	数量	单位	单价	运杂费	千	百	十	万	千	百	十	元	角	分
C	**2**	**离心式风机**	**LF0002**	**3000**	**台**	**250**				**7**	**5**	**0**	**0**	**0**	**0**	**0**	**0**
备注							合计		**¥**	**7**	**5**	**0**	**0**	**0**	**0**	**0**	**0**

第三联　财务记账

负责人：**陈顺**　　　记账：**李涛**　　　验收：**邹红**　　　填单：**何江**

图 6-5　原始凭证（三）

（3）盘点离心式风机的实际库存数，以确定该批材料购入的真实性（表 6-1）。

表 6-1　　**库存原材料盘点表**

盘点日期：2019 年 8 月 1 日

种类	编号	名称	规格	单位	库存数量
C	002	离心式风机	LF0002	台	1 200

（4）经盘点发现库存实有数为 1 200 台，比账面结存数少了 3 000 台。由此推论，7 月 10 日从南宁市长丰贸易公司所购材料的真实性值得怀疑。但是南宁市长丰贸易公司所支付的货款又是怎么一回事呢？下一步就应该查阅 7 月份的银行对账单了（图 6-6）。

从图 6-6 可知，企业 7 月 10 日付出一笔货款，如图 6-7 所示，7 月 11 日又收到从南宁市长丰贸易公司转回的款项。

中国工商银行南宁市长堽支行对账单

单位：南宁市永丰有限责任公司　　　　2019 年 7 月 31 日

月	日	摘要	借方	贷方	余额
7	1	月初余额			360 000
7	4	收货款	100 000		260 000
7	5	收货款		358 000	618 000
7	7	收货款		340 000	958 000
7	10	收货款	847 500		110 500
7	11	收货款		805 125	915 625
7	15	收货款	125 000		790 625
7	23	收货款		150 600	941 225
7	27	收货款	100 000		841 225
7	29	提取备用	4 000		837 225
7	31	收货款		120 000	957 225
7	31	付工资	450 000		507 225

图 6-6　银行对账单

转账进账单（收账通知）3　　　　第　号

2019 年 7 月 11 日

<table>
<tr><td rowspan="3">签发人</td><td>全　称</td><td colspan="3">南宁市长丰贸易公司</td><td rowspan="3">收款人</td><td>全　称</td><td colspan="3">南宁市永丰有限责任公司</td></tr>
<tr><td>账　号</td><td colspan="3">8145105866352170</td><td>账　号</td><td colspan="3">1704003450509340000</td></tr>
<tr><td>开户银行</td><td>工行朝阳区支行</td><td>行号</td><td></td><td>开户银行</td><td>工行长堽支行分理处</td><td>行号</td><td></td></tr>
<tr><td colspan="2">人民币（大写）</td><td colspan="6">捌拾万零伍仟壹佰贰拾伍元整</td><td colspan="2">千 百 十 万 千 百 十 元 角 分
¥ 8 0 5 1 2 5 0 0</td></tr>
<tr><td>票据种类</td><td colspan="3"></td><td colspan="6" rowspan="3">出票人开户银行盖章</td></tr>
<tr><td>票据张数</td><td colspan="3"></td></tr>
<tr><td colspan="4">单位主管：何江　　会计：林旺
复　核：赵敏　　记账：李春</td></tr>
</table>

图 6-7　转账进账单

查账结论

经询问有关人员得知，企业通过熟人关系从南宁市长丰贸易公司购得一张增值税专用发票，并据以进行虚假原材料购入的账务处理，同时向税务机关申报增值税进项税额的抵扣。为达到“假戏真做”的效果，企业 7 月 10 日先将货款 847 500 元转入南宁市长丰贸易公司的账户，7 月 11 日南宁市长丰贸易公司按货款的 5% 扣除 42 375 元的手续费后，又将剩余款项 805 125 元转回，但未进行相关的会计处理。

会计调整

冲销虚购的物资成本，对已支付的 42 375 元的手续费作为营业外支出处理。（图 6-8）

记账凭证

2019 年 09 月 26 日　　　　记字第 43 号

摘要	科目		借方金额											贷方金额											√
	总账科目	明细科目	亿	千	百	十	万	千	百	十	元	角	分	亿	千	百	十	万	千	百	十	元	角	分	
冲销虚购材料成本	银行存款	81002 户				8	0	5	1	2	5	0	0												附件1张
	应交税费	应交增值税（进项税额）					9	7	5	0	0	0	0												
	营业外支出						4	2	3	7	5	0	0												
	原材料	离心式风机															7	5	0	0	0	0	0	0	
合计					¥	7	5	0	0	0	0	0	0			¥	7	5	0	0	0	0	0	0	

会计主管：**董翠英**　记账：**赵依**　出纳：**何惠珠**　复核：**董翠英**　制单：**赵依**

图 6-8　记账凭证

（三）将购入的用于集体福利或个人消费用的物资作为生产用物资处理

错弊手法

将购入的用于简易计税方法计税项目、免征增值税项目、集体福利或者个人消费的购进货物故意当成生产用物资进行账务处理，把按规定计入非生产用物资成本的增值税作为进项税额进行抵扣。

查账方法

（1）了解产品生产中是否应用该种原材料及其用量，以确定其作为生产用物资购入的合理性。

（2）询问有关人员和查看有关凭证，查证其用途是否真实。

（3）必要时到现场查证该种物资的用途及用量。

（四）不正确处理取得存货时发生的采购费用

根据现行会计制度规定，制造业外购材料所发生的运杂费、运输途中合理损耗、入库前的整理挑选费用及其他费用均应计入所购的材料成本，不得随意计入当期损益。

错弊手法

将外购材料所发生的相关进货费用直接通过“管理费用”账户或“销售费用”账户计入当期损益，以加大当期费用，达到推迟缴纳所得税的目的。

查账方法

查阅相关原始凭证和记账凭证，查证其账务处理是否正确。

（五）外购材料发生退货时不冲销进项税额

企业外购材料因质量、品种、规格等问题发生退货时，按规定应从购货单位取得红字增值税专用发票，并据以进行退货的财务处理，在冲减原材料（或在途物资）成本的同时，也冲销增值税进项税额。

错弊手法

发生退货时，直接将材料的价税合并冲减原材料成本，用红字借记“原材料”账户，贷记“应付账款”账户或“银行存款”账户。

查账方法

查阅相关原始凭证，看其是否取得红字增值税专用发票，若有，则查看其账务处理是否正确；若无，则查看其当初购入材料时的原始凭证，看其是否已进行进项税额抵扣。

二、存货储存环节常见的错弊行为和审查方法

（一）采用实地盘存制核算存货

企业一般情况下应采用永续盘存制对存货的收发结存情况进行核算，但大宗、散装、成堆且收发计量不便的存货可采用实地盘存制进行核算。

错弊手法

采用实地盘存制将存货中的计量误差、自然损耗、管理不善造成的变质、毁损、甚至是保管人员监守自盗造成的损失计入正常发出的存货成本中，以掩盖存货管理中的问题。

查账方法

了解存货盘存制度，审阅存货盘点记录，对不应采用实地盘存制盘存的存货提出整改意见。

（二）随意加大自然损耗率

一些存货在储存、领用过程中因其物理特性容易产生自然损耗。税法中规定，企业存货发生的合理损耗，其价值可直接计入当期损益，不必将相应的进项税额转出。企业

应合理确定存货损耗率，不得任意人为加大或频繁调整损耗率。

错弊手法

（1）任意加大或调整存货的自然损耗率，以此来掩盖因管理不善造成的存货损失。

（2）用于调节当期损益，以达到控制利润、少纳税款的目的。

查账方法

了解企业损耗率的制定政策，核对国家（或行业）统一的损耗率，查证是否存在违反相关规定擅自调高损耗率的行为。若国家没有统一规定损耗率的，可比较其他企业同类存货的损耗率，或采用技术测定法确定。

（三）存货收发时“砍头加尾”，监守自盗

存货在收发计量时会因为某种原因出现计量尾数的误差，从而造成存货出现一定数量上的溢余和短缺，这是正常的现象，但容易出现计量误差的存货却长期“账实相符”、分毫不差就不正常了。

错弊手法

在收入存货计量时，故意忽略小数点后的尾数不计；在发出存货计量时，故意将小数点后的尾数加大变整，通过“砍头加尾”的手法人为制造存货的溢余，然后将溢余部分盗出据为己有。

查账方法

查看存货收发记录，将计量中应存在尾数却经常以整数记录的存货列为审查的重点。询问存货收发的当事人和计量人员，或通过走访群众来查证疑点。

（四）原材料大量长期积压

原材料是企业流动资产的重要组成部分，是保障生产顺利进行的一个重要环节。企业原材料储备不足或不均衡，就有可能造成停工待料的事故；企业原材料过多积压，就会占用大量的流动资金，影响企业资金的周转。

错弊手法

采购人员为获取回扣而大量购入质次价高的原材料，造成大量材料不合用、用不完，因而形成长期积压。

查账方法

（1）查阅生产计划和采购计划，确定材料采购的最优批量，查证所购材料是否符合生产计划，是否为生产所需；

（2）询问原材料长期积压的原因，查证在采购过程中是否存在吃回扣等原因而违反采购计划大量购入存货的行为。

（五）回收周转用包装物时不进行备查登记

企业长期周转使用的出租或出借包装物在领用时，若采用一次转销法核算，其价值已在领用时摊入有关成本或费用，待客户用毕归还时不再进行入账的会计处理，但为了便于管理和周转使用，应设置相关备查账进行登记。

错弊手法

对收回周转使用的包装物不设备查账登记，而是由保管人员自行控制，从而形成大量的账外物资，不仅不利于企业财产物资的合理利用，也为保管人员侵吞企业物资提供了方便。

查账方法

审阅“周转材料——包装物”明细账，了解包装物出租、出借及回收情况，查看有无回收包装物的备查账簿。

（六）回收报废物资及生产过程中产生的边角料不入账

企业回收报废的低值易耗品或生产过程中产生的边角废料时，应由仓管部门及时填制入库单，并交财务部门入账。

错弊手法

收回报废物资及边角废料时不填制入库单，不反映库存存货的增加，而是将其出售后私分款项。

查账方法

（1）审阅原材料明细账，查看是否有废旧物资或边角料入库的记录。

（2）了解生产部门对边角废料等物资的处理办法。

（3）询问有关人员废旧物资或边角废料的保管及处理情况。

三、存货发出业务常见的错弊行为及审查方法

（一）将因管理不善造成的毁损材料计入生产成本

企业发生的因管理不善造成的毁损材料，应先计入“待处理财产损溢——待处理流动资产损溢”账户，同时将相应的进项税额转出。待查明原因后，区别不同情况进行处理，分别记入其他应收款、管理费用、营业外支出等账户。

错弊手法

对因管理不善造成的毁损材料不报废，而是填写领料单，以正常领料手续将毁损材料的价值计入生产成本，以逃避将进项税额转出及掩盖管理中存在的问题。

查账方法

（1）审阅“生产成本”明细账和领料记录，查看有无异常领料记录。

（2）走访群众或询问有关人员，在被查的时间段内企业有无发生过因管理不善造成的重大损失。

【例6-2】2019年9月26日，查账人员在查账时了解到，当年4月8日存放产品包装纸箱的材料仓库因保管员管理不善发生损毁，一大批包装纸箱报废。查看4月份的会计凭证时，并未发现有关材料损毁的账务处理，但一张材料出库单（图6-9）和记账凭证（图6-10）引起了查账人员的注意。

出　库　单

发货仓库：**原材料仓库**　　　　　　　　　　　　　　第6号

提货单位：**吸尘器生产车间**　　　　2019年4月16日

类别	编号	名称型号	单位	应发数量	实发数量	单位成本	金额
x	**6**	**包装纸箱**	个	**8 400**	**8 400**	**5.58**	**46 872**
合　计							¥46 872

第三联　财务记账

负责人：**陈顺**　　经发：**邹红**　　保管：**刘善秋**　　填单：**何江**

图6-9　出库单

记录疑点

企业所生产的“洁静”牌吸尘器每月最大产销量不超过1 000台，为何一次性领用

8 400个纸箱？

记账凭证

2019 年 04 月 16 日　　　　　　　　　　记字第 **26** 号

摘　要	科　目		借方金额											贷方金额											√
	总账科目	明细科目	亿	千	百	十	万	千	百	十	元	角	分	亿	千	百	十	万	千	百	十	元	角	分	
生产领用材料	**生产成本**	**吸尘器**					**4**	**6**	**8**	**7**	**2**	**0**	**0**												
	原材料	**包装纸箱**																**4**	**6**	**8**	**7**	**2**	**0**	**0**	
合　计						**¥**	**4**	**6**	**8**	**7**	**2**	**0**	**0**				**¥**	**4**	**6**	**8**	**7**	**2**	**0**	**0**	

附件 1 张

会计主管：**董翠英**　记账：**赵依**　出纳：**何惠珠**　复核：**董翠英**　制单：**赵依**

图 6-10　记账凭证

查账方法

走访群众或询问有关人员，确认是由仓库管理员李明管理不善造成损失。了解产品的生产情况，并结合异常领料情况展开调查。

查账结论

经询问有关人员得知，因管理不善造成8 400个包装纸箱被毁，直接经济损失46 872元，应转出进项税额6 093.36元。为避免将进项税额转出，企业就将被毁的8 400个纸箱的成本计入吸尘器的生产成本中。

会计调整

（1）用红字冲销原分录（图6-11）。

（2）编制更正分录（图6-12）。

（3）待上级批准处理时做分录（图6-13）。

（二）随意变更存货发出的计价方法

按照现行制度规定，企业发出存货的计价方法有个别计价法、月末一次加权平均法、移动加权平均法和先进先出法，无论选用哪一种计价方法，只要选用的计价方法所计算出来的结果能与其相关联的收入实现较好的配比，这种方法就是可行的。但计价方法一经确定后，就不得随意变更。确需变更的，应当对变更的内容、理由、变更的累积影响数以及累积影响数不能合理确定的理由等，在会计报表附注中予以说明。

记账凭证

2019 年 09 月 26 日　　　　记字第 44 号

摘要	科目		借方金额											贷方金额											√
	总账科目	明细科目	亿	千	百	十	万	千	百	十	元	角	分	亿	千	百	十	万	千	百	十	元	角	分	
冲销 4 月 16 日第 26 号	生产成本	吸尘器					4	6	8	7	2	0	0												
	原材料	包装纸箱																4	6	8	7	2	0	0	
合计						¥	4	6	8	7	2	0	0				¥	4	6	8	7	2	0	0	

附件 1 张

会计主管：董翠英　记账：赵依　出纳：何惠珠　复核：董翠英　制单：赵依

图 6-11　用红字冲销原分录

记账凭证

2019 年 9 月 26 日　　　　记字第 45 号

摘要	科目		借方金额											贷方金额											√
	总账科目	明细科目	亿	千	百	十	万	千	百	十	元	角	分	亿	千	百	十	万	千	百	十	元	角	分	
更正 4 月 16 日第 26 号凭证	待处理财产损溢	待处理流动资产损溢					5	2	9	6	5	3	6												
	原材料	包装纸箱																4	6	8	7	2	0	0	
	应交税费	应交增值税（进项税额转出）																	6	0	9	3	3	6	
合计						¥	5	2	9	6	5	3	6				¥	5	2	9	6	5	3	6	

附件 1 张

会计主管：董翠英　记账：赵依　出纳：何惠珠　复核：董翠英　制单：赵依

图 6-12　编制更正分录

记账凭证

2019 年 09 月 26 日　　　　记字第 46 号

摘要	科目		借方金额											贷方金额											√
	总账科目	明细科目	亿	千	百	十	万	千	百	十	元	角	分	亿	千	百	十	万	千	百	十	元	角	分	
处理财产损失	管理费用						1	2	9	6	5	3	6												
	其他应收款	李明					4	0	0	0	0	0	0												
	待处理财产损溢	待处理流动资产损溢																5	2	9	6	5	3	6	
合计						¥	5	2	9	6	5	3	6				¥	5	2	9	6	5	3	6	

附件 1 张

会计主管：董翠英　记账：赵依　出纳：何惠珠　复核：董翠英　制单：赵依

图 6-13　待上级批准处理时做分录

错弊手法

随意变更存货发出的计价方法，使其成为当期损益的调节器，如在物价持续上升的情况下，将月末一次加权平均法改为个别计价法，选用价高的存货计入当期成本，降低当期利润，以推迟缴纳所得税。

查账方法

了解存货的计价方法，核对其使用的方法前后期是否保持一致。

（三）以减少产品入库的方式抵销领用的库存商品成本

企业在建工程、福利部门领用本企业自行生产的产品时，应当视同销售，按照其售价计提增值税销项税额，并同产品成本一起借记“在建工程”或“应付职工薪酬”账户，贷记“库存商品”账户和“应交税费——应交增值税（销项税额）”账户。

错弊手法

企业在建工程、福利部门领用库存商品时，直接以“结转生产部门为在建工程、福利部门提供的劳务”的名义冲减生产成本，以减少产成品入库的方式来抵销领用的库存商品成本，从而达到不计提销项税额的目的。

查账方法

审阅“生产成本”明细账，确定企业为在建工程、福利部门提供“劳务”的项目内容，并通过询问相关人员查证其真实性。

（四）多转或少转销售成本

月末，企业应根据各种产成品出库单计算出库数量，并按各产成品明细账所列发出产成品的实际单位成本，编制“产成品发出汇总表”，结转发出和销售的产品成本。对已经实现销售的产成品成本，借记“主营业务成本”账户，贷记“库存商品”账户，在计算企业实现的净损益时，将“主营业务成本”账户的发生额转入“本年利润”账户。

错弊手法

在月末编制“产成品发出汇总表”时，根据调节当期利润的需要，故意多记或少记产品销售的数量，达到多转或少转已售产品的生产成本、调节当期利润的目的。

查账方法

审阅“主营业务收入”明细账和相关收入凭证，汇总各收入发票中列明的产品销售数量，然后核对“产成品发出汇总表”中所列的销售数量；也可先以某一主营业务收入明细账的收入总金额除以“产成品发出汇总表”所列的数量，计算出该产品的平均单位售价，然后与该产品的实际单位售价进行比较，若有较大出入的，可列为疑点进行详细核对。

思考题

1. 什么是存货？存货取得时应如何计价？

2. 存货的盘点方法有哪些？

3. 虚开采购发票时会出现哪些疑点？如何查证？

4. 采用实地盘存制核算存货时容易出现什么问题？

5. 存货在进行收发计量过程中容易产生哪些错弊行为？

上岗一试

1. 查账人员在审查公司6月份原材料采购凭证时，发现以下一笔业务：购入电线300圈，单价1 600元，增值税率为13%，运输费按11%进行抵扣。购进材料时，共发生运输费3 600元，保险费1 200元，搬运费280元。材料已验收入库，款项已通过银行支付。做会计分录如下：

借：原材料——电线　　484 622.80

应交税费——应交增值税（进项税额）62 857.20

　　贷：银行存款　547 480

要求：（1）指出上述业务中错弊手法所在；

　　（2）进行相关的会计调整。

2. 查账人员在盘点原材料仓库时，发现一批未入账的原材料。经询问，保管人员告知查账人员，该批材料共500斤，单价10元/斤，是生产中产生的边角料回收入库，待积累到一定数量后，再以每斤3元的价格处理。由于保管人员认为是废料回收，不属于公司的存货，不必入账，待出售废料后的收入可用于保管人员的补贴。

（1）你认为保管人员的回答正确吗？为什么？

（2）应当如何进行会计处理？

项目七
审查固定资产业务

学习目标

- 了解固定资产的计价与折旧；
- 掌握固定资产取得业务常见错弊的审查方法；
- 掌握固定资产处置业务常见错弊的审查方法；
- 掌握固定资产折旧业务常见错弊的审查方法；
- 能正确审查固定资产业务的错弊行为；
- 提高服务、监督、管理的能力。

任务一　掌握固定资产的计价及折旧方法

一、固定资产计价方法

固定资产是指同时具有以下特征的有形资产：①为生产商品、提供劳务、出租或经营管理而持有；②使用寿命超过一个会计年度。

企业的固定资产应按取得时的实际成本入账，由于企业取得固定资产的途径和方式不同，其入账价值的确定也有所差异。

（1）外购固定资产的入账价值包括买价、进口关税等相关税费，以及为使固定资产达到预定可使用状态前所发生的可直接归属于该资产的运输费、装卸费、场地整理费、安装费和专业人员服务费等费用。

（2）自行建造的固定资产，按建造该项资产达到预定可使用状态前所发生的必要支出作为入账价值。

（3）在原有基础上改建、扩建的固定资产，按原固定资产的账面价值加上使改建、扩建的资产达到预定可使用状态前而发生的相关支出、减去改建、扩建过程中发生的变价收入作为入账价值。

（4）投资者投入的固定资产，按照投资合同或协议约定的价值确定其他入账价值，但合同或协议约定的价值不公允的除外。

（5）融资租入的固定资产，按照融资租赁开始日租赁公允价值与最低租赁付款额现值两者中较低者，加上初始直接费用作为入账价值。在租赁谈判和签订租赁合同过程发生的手续费、律师费、差旅费、印花税等费用，也应计入租赁资产的入账价值。

（6）以非货币性交易换入的固定资产，以公允价值和应支付的相关税费作为换入资产的成本，公允价值与换出资产的账面价值差额，计入当期损益。涉及补价的按以下规定确定换入固定资产的入账价值：

1）收到补价的，在以上的计价基础上减去补价后的余额，作为固定资产的入账价值。

2）支付补价的，在以上的计价基础上加上应支付的补价，作为固定资产的入账价值。

（7）企业接受的债务人以非现金资产抵偿债务方式取得的固定资产，其成本包括放弃债权的公允价值和使该资产达到预定可使用状态前所发生的可直接归属于该资产的税金、运输费、装卸费、安装费、专业人员服务费等其他成本。

（8）接受捐款的固定资产，按以下规定确定其入账价值：

1）捐款方提供了有关凭证的，按凭证上标明的金额加上应当支付的相关税费，作为入账价值。

2）捐款方没有提供有关凭证的，按同类或类似固定资产的市场价格，加上应支付的相关税费，作为入账价值。

如接受捐款的是旧固定资产，应减去按该资产的新旧程度估计的价值损耗后的余额，作为入账价值。

（9）盘盈的固定资产，按同类或类似固定资产的市场价格，减去按该项资产的新旧程度估计的折旧后的余额，作为入账价值。

在确定固定资产的入账价值时还要注意以下几个问题：

1）已达到预订可使用状态但尚未办理竣工决算手续的固定资产，可先按估计价值入账，待确定实际价值后在进行调整。

2）企业为取得固定资产而缴纳的关税、契税、耕地占用税、车辆购置税等相关税费也应计入固定资产的价值；企业购置计算机硬件所附带的、未单独计价的软件，与所购置的计算机硬件一并作为固定资产管理。

3）固定资产借款费用的处理。专项用于固定资产建设的借款费用，符合资产化条件的，应计入其固定资产价值。具体包括：

a.用借款购建的固定资产，其发生的借款费用，在固定资产达到预定可使用状态前，可计入所购建固定资产的成本。

b.固定资产在达到预定可使用状态前，由于某种特殊原因造成非正常中断，并且中断时间连续超过3个月的，其在中断期间所发生的借款费用，不计入所购建固定资产的价值，应当计入当期损益。

c.如果中断是使购建的固定资产达到预定可使用状态所必需的程序，则中断期间发生的借款费用，仍计入所购建固定资产的价值。

4）企业已经入账的固定资产，其账面原值通常不得任意变动、调整，但当发生下列情况时，可以按规定对其账面原值作出调整：①根据国家规定对固定资产价值重新评估；②增加补充设备或改良装备；③将固定资产的一部分拆除；④根据实际价值调整原来的暂估价值；⑤发现原记固定资产价值有错误。

二、固定资产的折旧方法

企业应当在固定资产的使用寿命内，根据固定资产的性质和使用情况，合理确定固定资产的使用寿命和预计净残值，按期计提固定资产折旧。

（一）影响固定资产折旧的因素

（1）固定资产原价。是指固定资产的成本，它是计提固定资产折旧的基数。

（2）预计净残值。是指固定资产预计使用寿命已满并处于使用寿命终了时的预期状态，企业从该项资产处置中获得的扣除预计处置费用后的金额。

（3）固定资产减值准备。是指固定资产已计提的固定资产减值准备累计金额。

（4）固定资产的使用寿命。是指企业使用固定资产的预计使用期限，或者该固定资产所能生产产品或提供劳务的数量。

（二）固定资产折旧的范围

（1）除已计提完毕仍继续使用的固定资产和单独计价入账的土地外，企业应当对所有固定资产计提折旧。

（2）固定资产应按月计提折旧。当月增加的固定资产，当月不计提折旧，从下月起计提折旧；当月减少的固定资产，当月仍计提折旧，从下月起不再计提折旧。

（3）固定资产提足折旧后，不论能否继续使用，均不再计提；提前报废的固定资产，也不再补提折旧。

（4）已达到预定可使用状态但尚未办理竣工决算的固定资产，应当按照估计价值确定其成本，并计提折旧；待办理竣工决算后，再按实际成本调整原来的暂估价值，但不需要调整原已计提的折旧额。

企业至少应当于每年年度终了，对固定资产的使用寿命，预计净残值和折旧方法进行复核。使用寿命预计数与原先估计有差异的，应当调整固定资产的预计使用寿命。当前预计净残值的预计数与原先估计有差异的，应当调整预计净残值。与固定资产有关的经济利益预期实现方式有重大改变的，应当改变固定资产折旧方法。固定资产使用寿命、预计净残值和折旧方法的改变应当作为会计估计变更。

（三）固定资产的折旧方法

（1）年限平均法。年限平均法又称直线法，是指将固定资产的应计提折旧额在固定资产预计使用寿命内进行平均分摊的一种方法。

（2）工作量法。工作量法是指根据实际工作量计提的固定资产折旧额的一种方法。

（3）双倍余额递减法。双倍余额递减法是指在不考虑固定资产预计净残值的情况下，根据每期期初固定资产净值（固定资产原价减去累计折旧后的金额）和双倍直线法的折旧率计算固定资产折旧额的一种方法。

采用双倍余额递减法计算折旧额时，应在其折旧年限到期前两年内，将固定资产净值扣除预计净残值后的余额平均摊销。

（4）年数总和法。年数总和法是指将固定资产的原值减去预计净残值后的净额作为折旧基数，乘以一个逐年递减的分数，计算各期固定资产折旧额的一种方法。

任务二　审查固定资产业务

一、固定资产取得业务常见的错弊及审查方法

（一）购入固定资产的计价不正确

企业购入的固定资产，其入账价值包括买价、运输费、装卸费、保险费、场地使用费、安装费、进口关税等相关税费，以及为使固定资产达到可使用状态前所发生的其他必要支出。固定资产形成后，其价值以折旧的方式在其预计使用寿命内分期摊入相关成本或费用中。2009年1月1日增值税转型改革后，企业购建生产用固定资产发生的增值税进项税额可以从销项税额中抵扣。因此，此处的“相关税费”中不包括允许抵扣的增值税进项税额。

错弊手法

将购入固定资产过程中所有发生的装卸费、保险费等费用计入“管理费用”账户或“销售费用”账户中。

查账方法

审阅“固定资产”明细账，了解增加的固定资产原值的构成内容，核对相关的会计凭证，查看其账务处理是否正确。

审阅“管理费用”明细账或“销售费用”明细账，从费用的构成项目中查找疑点。

（二）将固定资产列作低值易耗品核算

固定资产与低值易耗品具有一个共同的特点，就是可以在较长的时间内重复使用且不改变其原有实物形态，有些低值易耗品的使用寿命超过一年或一个营业周期。但低值易耗品的单价价值较低，使用年限较短，容易损坏。因此，在低值易耗品的使用中使其视同固定资产进行管理，但核算上作为存货进行会计处理。

错弊手法

故意将购入的或委托外单位加工形成的，比较容易与低值易耗品混淆的固定资产列为低值易耗品入账，在投入使用时将其价值在较短的时间内进行摊销，以加大当期费用。同时，容易形成账外物资，使固定资产的管理失控。

查账方法

审阅“低值易耗品”明细账，将单位价值较大的低值易耗品列为查账疑点，然后审阅相关会计凭证，询问其用途，并据以判断其是否符合固定资产的定义。必要时可到使用部门查看实物或进行固定资产清查。

【例7-1】 2019年9月26日，查账时发现一项业务的处理有疑点（图7-1、图7-2和图7-3），决定对其进行深入调查。

记录疑点

数控打包机是用于包装产品的主要设备，是为生产商品而持有的，使用寿命超过1个会计年度的生产工具，且单价为4 500元，价值较高，符合固定资产的定义。为何要作为低值易耗品处理呢？

广西增值税专用发票

发 票 联

No 07642910

开票日期：2019 年 6 月 19 日

购货单位	名　　称：南宁市永丰有限责任公司 纳税人识别号：410712345678576 地址、电话：人民路 188 号 3720816 开户行及账号：工行人民支行分理处 1704020509025063120				密码区	略	
货物或应税劳务名称	规格型号	单位	数量	单价	金额	税率	税额
数控打包机	7S 360	台	2	4 500	9 000	13%	1 170
合计	人民币壹万零壹佰柒拾元整						
销货单位	名　　称：玉林市飞扬数控设备厂 纳税人识别号：110199458153158 地址、电话：玉林市中西区 175 号 01086432576 开户行及账号：工行中西区支行 8145105866462538				备注	玉林市飞扬数控设备厂 343546577990988 发票专用章	

第二联 发票联 购货方记账凭证

收款人：　　复核：　　开票人：　　销货单位：（章）

图 7-1　增值税专用发票

入　库　单

入库部门：采购部　　2019 年 6 月 21 日

种类	编号	名称	规格	数量	单位	单价	运杂费	千	百	十	万	千	百	十	元	角	分
6	7	数控打包机	7S 360	2	台	4 500						9	0	0	0	0	0
备注：							合计				¥	9	0	0	0	0	0

第三联 财务记账

负责人：　　记账：　　验收：

图 7-2　入库单

记账凭证

2019 年 6 月 21 日　　记字第 25 号

摘要	总账科目	明细科目	百	十	万	千	百	十	元	角	分	百	十	万	千	百	十	元	角	分	√
购入材料	低值易耗品	打包机				9	0	0	0	0	0										
	应交税费	应交增值税（进项税额）				1	1	7	0	0	0										
	应付账款	飞扬数控设备厂												1	0	1	7	0	0	0	
合　计				¥	1	0	1	7	0	0	0		¥	1	0	1	7	0	0	0	

附件 2 张

会计主管：董翠英　记账：赵依　出纳：何惠珠　复核：董翠英　制单：赵依

图 7-3　记账凭证

查账方法

询问有关人员，确认打包机的实际用途为电吹风生产车间的包装设备。该打包机已当月领用，分录如图7-4所示。

记账凭证

2019年06月21日　　　　记字第**26**号

摘要	总账科目	明细科目	借方金额											贷方金额											√
			亿	千	百	十	万	千	百	十	元	角	分	亿	千	百	十	万	千	百	十	元	角	分	
生产领用	**生产成本**	**电吹风**						**9**	**0**	**0**	**0**	**0**	**0**												
	低值易耗品	**打包机**																	**9**	**0**	**0**	**0**	**0**	**0**	
合计							**¥**	**9**	**0**	**0**	**0**	**0**	**0**					**¥**	**9**	**0**	**0**	**0**	**0**	**0**	

附件1张

会计主管：**董翠英**　记账：**赵依**　出纳：**何慧珠**　复核：**董翠英**　制单：**赵依**

图7-4　记账凭证

查账结论

经查证，企业会计人员认为数控打包机价值只有4 500元，使用寿命为5年，若列为固定资产每月计提折旧太麻烦。作为低值易耗品处理可增加当年的费用，减少所得税支出。

会计调整

（1）将已领用的低值易耗品调整为固定资产，分录如图7-5所示。

记账凭证

2019年9月26日　　　　记字第**47**号

摘要	科目		借方金额											贷方金额											√
	总账科目	明细科目	亿	千	百	十	万	千	百	十	元	角	分	亿	千	百	十	万	千	百	十	元	角	分	
调整6月21日第25、26号凭证	**固定资产**	**数控打包机**						**9**	**0**	**0**	**0**	**0**	**0**												
	生产成本	**电吹风**																	**9**	**0**	**0**	**0**	**0**	**0**	
合计							**¥**	**9**	**0**	**0**	**0**	**0**	**0**					**¥**	**9**	**0**	**0**	**0**	**0**	**0**	

会计主管：**董翠英**　记账：**赵依**　出纳：**何慧珠**　复核：**董翠英**　制单：**赵依**

图7-5　记账凭证

（2）补提7、8月份固定资产折旧（假设设备预计使用寿命为5年，预计净残率为3%）：

应补提折旧额=9000×（1−3%）×2/（5×12）=291（元）

该打包机已于当月领用，分录如图7-6所示。

记账凭证

2019年9月26日　　　　　　　　　　　　　　　　记字第48号

摘　要	科　目																				√
	总账科目	明细科目	百	十	万	千	百	十	元	角	分	百	十	万	千	百	十	元	角	分	
补提折旧	制造费用	电吹风车间					2	9	1	0	0										附件1张
	累计折旧	数控打包机														2	9	1	0	0	
合　计						¥	2	9	1	0	0				¥	2	9	1	0	0	

会计主管：董翠英　记账：赵依　出纳：何慧珠　复核：董翠英　制单：赵依

图7-6　记账凭证

（三）不结转已达到预订可使用状态的固定资产成本

不论是企业自行建造的固定资产，还是外购需安装的固定资产，在达到预定可使用状态前所发生的一切合理、必要的支出，均可资本化。在固定资产达到预定可使用状态后，其所发生的相关费用支出，如借款费用支出等不得资本化，而应当计入当期损益。若在建工程因某种特殊原因发生非正常中断，且中断时间连续超过3个月的，其中断期间发生的借款费用也不得资本化。

错弊手法

固定资产达到预定可使用状态后，不结转在建工程成本，而是长期保留在“在建工程”账户中挂账，继续将其借款费用和维修费用资本化，并推迟固定资产的开始折旧期间，以调高当期利润。

查账方法

（1）审阅“在建工程”明细账，运用推理法推断工程所用的时间，将长期挂账的在建工程项目列为疑点。

（2）到现场查看工程进展情况，以查证在建工程存在的真实性，若已完工，则询问其不结转在建工程的原因。

（3）若在建工程因非正常原因发生中断，且连续超过三个月的，应审查其在非正常中断期间所发生的借款费用有无资本化的情况。

（四）不正确处理土地使用权

企业取得的土地使用权通常应确认无形资产。土地使用权用于自行开发建造厂房等地上建筑物时，土地使用权与地上建筑物分别进行摊销和提取折旧。企业外购的房屋建筑物，实际支付的价款中包括土地以及建筑物价值的，则应当将支付的价款按照合理的方法（如公允价值等）在土地和地上建筑物之间进行分配；如果确实无法在地上建筑物与土地使用权之间进行合理分配的，应当全部作为固定资产核算。

错弊手法

在建造厂房等建筑物时，将购入的土地使用权或支付土地使用金方式取得的土地使用权的价值全部计入在建工程成本，以增加固定资产价值。

查账方法

（1）审阅“无形资产”、“在建工程”和“固定资产”账户，查看是否存在将土地使用权从“无形资产”账户中转入“在建工程”账户或“固定资产”账户的情形。

（2）审阅“银行存款”明细账，查看企业在支付土地使用金或购入土地使用权后的账务处理是否符合规定。

（五）不正确处理固定资产的后续支出

固定资产后续支出是指固定资产在使用过程中发生的更新改造支出、修理费用支出等。与固定资产有关的后续支出，如果同时满足以下两个条件的，应将其支出计入固定资产成本：

（1）与该固定资产有关的经济利益很可能流入企业。

（2）该固定资产的成本能够可靠计量；不符合资本化条件的后续支出，无论是大修理或是中小修理，应当在费用发生时直接计入当期损益。

错弊手法

（1）将应当资本化的支出费用化，以增加当前费用。

（2）将应当费用化的支出资本化，增加固定资产价值，调高当期利润。

查账方法

审阅相关费用支出凭证，查看企业对固定资产后续支出资本化与费用化的划分是否符合效益性原则；其账务处理是否符合规范。

二、固定资产折旧业务常见的错弊行为及审查方法

（一）折旧方法选用不适当

企业固定资产折旧一般应采用年限平均法，若固定资产的耗损程度与其工作量的多少配比关系较为密切的，应采用工作量法计提折旧。对在国民经济中具有重要地位、技术进步快的生产企业、船舶企业、生产“母机”的机械企业、飞机和汽车制造企业、化工和医药生产企业以及其他经财政部批准的行业企业，其机器设备可采用加速折旧法计提折旧。折旧方法一经确定，不得随意变更。

错弊手法

将国家不允许采用加速折旧法计提折旧的固定资产按加速折旧法计提折旧；将应采用工作量法计提折旧的固定资产采用年限平均法计提折旧。

查账方法

审阅有关文件，了解企业固定资产折旧政策，审查企业选用的折旧方法是否正确、恰当。

（二）随意调整折旧率

固定资产的折旧率根据固定资产原值、净残值率和固定资产预计使用年限来确定，不同类型的固定资产应有不同的折旧率，应分别计算折旧率，定期按固定资产类别计提折旧。

错弊手法

在确定固定资产折旧率时，不是按照规定计算确定某类固定资产的折旧率，而是随意确定；或是先计算出某类固定资产的折旧率后，其余固定资产都使用相同的折旧率计提折旧。

查账方法

审阅“固定资产折旧计算表”，采用复核法确定其所列的折旧率是否正确。

（三）未使用、不需要使用的固定资产不计提折旧

企业除了已提足折旧仍继续使用的固定资产和单独计价入账的土地外，所有的固定资产均应计提折旧。

错弊手法

将已达到预定可使用状态但未使用的固定资产以及不需要使用的固定资产单列出来，不提折旧。

查账方法

审阅“固定资产折旧计算表”，将其中所列的计提折旧的固定资产具体项目与“固定资产”明细账、固定资产卡片等进行核对，查证是否所有符合计提折旧条件的固定资产均已计提折旧，必要时进行实地察看。

（四）已提足折旧仍在使用的固定资产继续计提折旧

对于已提足折旧仍在继续使用的固定资产，不再计提折旧；提前报废的固定资产，没有计提的折旧也不再补提。

错弊手法

对已提足折旧后仍继续使用的固定资产，仍按原来的折旧率照提折旧，以增加当期的成本费用。

查账方法

审阅企业的“固定资产折旧计算表”“固定资产登记簿”“固定资产”明细账等会计资料，分析“累计折旧”贷方累计数与固定资产原值的关系，同时通过分析固定资产的预计使用年限与实际使用年限的关系来确定疑点。

（五）当月增加的固定资产当月计提折旧

当月增加的固定资产，当月不提折旧，从下月起计提折旧；当月减少的固定资产，当月仍计提折旧，从下月起不计提折旧。

错弊手法

当月增加的固定资产当月计提折旧，以增加当月的成本费用。

查账方法

审阅“固定资产折旧计算表”，核对当月增加的固定资产有无违反规定计提折旧。

【例7-2】 2019年9月26日，查账人员在审查2019年1-8月的固定资产折旧时发现5

月份以后的折旧额有疑点（表7-1）。

表7-1 固定资产折旧计算表（2019年）

月份	固定资产原值	月折旧额
1	35 467 000	177 335
2	35 467 000	177 335
3	35 467 000	177 335
4	35 467 000	177 335
5	37 267 000	186 335
6	37 267 000	186 335
7	37 267 000	186 335
8	37 267 000	186 335

记录疑点

4月份以前的固定资产原值都是35 467 000元，月折旧额为177 335元。5月份固定资产原值为37 267 000元，增加了1 800 000元。5月份的折旧额也同时上升为186 335元，增加了9 000元。为何当月增加了固定资产，折旧也增加了呢?

查账方法

通过固定资产折旧计算表确定疑点后，查阅5月份固定资产增加的情况（图7-7）。

记账凭证

2019年5月18日　　记字第29号

摘要	科目：总账科目	科目：明细科目	借方金额（亿千百十万千百十元角分）	贷方金额（亿千百十万千百十元角分）	√
结转完工工程	固定资产	生产用固定资产	1 8 0 0 0 0 0 0 0		
	在建工程	电吹风生产线		1 8 0 0 0 0 0 0 0	
合计			¥ 1 8 0 0 0 0 0 0 0	¥ 1 8 0 0 0 0 0 0 0	

附件1张

会计主管：董翠英　记账：赵依　出纳：何慧珠　复核：董翠英　制单：赵依

图7-7 记账凭证

（1）从图7-7可知，5月份新增的固定资产是由在建工程完工转入的。当月增加的折旧是否为当月新增的固定资产计提的呢？接下来可查阅“固定资产折旧计算表”，了解固定资产折旧计算的详细情况（表7-2）。

表7-2　　固定资产折旧计算表（2019年5月）

部　门	固定资产	固定资产原值	月折旧率	月折旧额
吸尘器生产车间	房　屋	5 217 380	0.60%	31 304.28
	机修设备	8 198 740	0.50%	40 993.70
	其　他	1 490 680	0.15%	2 236.02
	合　计	14 906 800		74 534.00
电吹风生产车间	房　屋	3 935 207	0.60%	23 611.24
	机械设备	6 183 898	0.50%	30 919.49
	生产流水线	1 800 000	0.50%	9 000.00
	其　他	1 124 345	0.15%	1 686.52
	合　计	13 043 450		65 217.25
机修车间	房　屋	652 172	0.60%	3 913.03
	机修设备	1 043 476	0.50%	5 217.38
	其　他	167 702	0.11%	186.34
	合　计	1 863 350		9 316.75
管理部门		7 453 400	0.50%	37 267 .00
总　计		37 267 000		186 335.00

（2）从图7-7可知，5月份新增的固定资产为电吹风生产车间的生产流水线，同时从5月份的“固定资产折旧计算表”（表7-2）中可见，当月新增的生产流水线已按月折旧率0.5%计提了折旧9 000元。

查账结论

经查证，公司会计人员为增加当期的成本费用，调低利润，减少所得税支出，对当月增加的固定资产计提了折旧。

会计调整

直接冲销多提的折旧额9 000元，会计分录如图7-8所示。

记账凭证

2019 年 9 月 26 日　　　　记字第 **49** 号

摘　要	科　目		借方金额											贷方金额											√
	总账科目	明细科目	亿	千	百	十	万	千	百	十	元	角	分	亿	千	百	十	万	千	百	十	元	角	分	
冲销多提折旧	制造费用	电吹风车间						9	0	0	0	0	0												附
	累计折旧	电吹风生产线																	9	0	0	0	0	0	件
																									张
合　计							¥	9	0	0	0	0	0					¥	9	0	0	0	0	0	

会计主管：**董翠英**　记账：**赵依**　出纳：**何慧珠**　复核：**董翠英**　制单：**赵依**

图 7-8　记账凭证

三、固定资产处置业务常见的错弊行为及审查方法

（一）处置固定资产的变价收入不入账

企业在处置报废、毁损的固定资产所产生的残料价值收入、变价收入和价款收入等，应计入“固定资产清理”账户的贷方，用于冲销清理支出。清理完毕后，及时结转清理损益，其产生的利得或损失计入营业外收入或营业外支出。

错弊手法

处置报废毁损的固定资产时所获得的价款收入和变价收入不入账，而是计入“小金库”挪作他用。

查账方法

审阅“固定资产清理”账户，若发现没有固定资产清理收入或清理收入金额偏小，可将其列为疑点，再采用询问法进行查证。

【例 7-3】 2019 年 9 月 26 日，查账人员在审查 5 月份的会计凭证时，发现一张固定资产处置的记账凭证有疑点（图 7-9），同时查看了有关“现金日记账”和“银行存款日记账”，均未发现与该固定资产有关的清理收入和清理支出，也未发现有关的往来账项，因此决定进行深入调查。

记录疑点

企业处置一条旧的生产线，不可能没有发生清理费用，同时，一条原始价值为 100 000 元的生产设备，只提了 40 000 元的折旧，净值仍有 60 000 元，不可能没有清理收入。

记账凭证

2019 年 5 月 7 日　　　　记字第 4 号

摘要	总账科目	明细科目	借方金额											贷方金额											√
			亿	千	百	十	万	千	百	十	元	角	分	亿	千	百	十	万	千	百	十	元	角	分	
处理设备	营业外支出	处置固定资产净损益					6	0	0	0	0	0	0												
	累计折旧						4	0	0	0	0	0	0												
	固定资产	电吹风生产线															1	0	0	0	0	0	0	0	
合 计					¥	1	0	0	0	0	0	0	0			¥	1	0	0	0	0	0	0	0	

会计主管：**董翠英**　记账：**赵依**　出纳：**何慧珠**　复核：**董翠英**　制单：**赵依**

图 7-9　记账凭证

查账方法

询问设备保管人员及设备清理人员，了解设备的清理情况，确定设备的去向，并向接受设备的企业人员询证。

查账结论

经询问得知，该生产线因发生毁损拆除后以 76 000 元的价格出售给一家私人企业，该企业已付现金 76 000 元，公司直接以现金支付清理费用 4 000 元后，其余款项存入小金库。

会计调整

（1）调整营业外支出（图 7-10）。

记账凭证

2020 年 9 月 26 日　　　　记字第 49 号

摘要	科目		借方金额											贷方金额											√
	总账科目	明细科目	亿	千	百	十	万	千	百	十	元	角	分	亿	千	百	十	万	千	百	十	元	角	分	
调整 5 月 7 日第 4 号凭证	固定资产清理	电吹风生产线					6	0	0	0	0	0	0												
	营业外支出	处理固定资产净损失																6	0	0	0	0	0	0	
合 计						¥	6	0	0	0	0	0	0				¥	6	0	0	0	0	0	0	

会计主管：**董翠英**　记账：**赵依**　出纳：**何慧珠**　复核：**董翠英**　制单：**赵依**

图 7-10　调整营业外支出

（2）支付清理费（图 7-11）。

记账凭证

2019 年 9 月 26 日　　　　　　　　记字第 **50** 号

摘要	科目		借方金额											贷方金额											√
	总账科目	明细科目	亿	千	百	十	万	千	百	十	元	角	分	亿	千	百	十	万	千	百	十	元	角	分	
支付清理费	固定资产清理	电吹风生产线						4	0	0	0	0	0												
	库存现金																		4	0	0	0	0	0	
合　计							¥	4	0	0	0	0	0					¥	4	0	0	0	0	0	

会计主管：**董翠英**　记账：**赵依**　出纳：**何慧珠**　复核：**董翠英**　制单：**赵依**

图 7-11　支付清理费

（3）取得清理收入（图 7-12）。

记账凭证

2019 年 9 月 26 日　　　　　　　　记字第 **51** 号

摘要	科目		借方金额											贷方金额											√
	总账科目	明细科目	亿	千	百	十	万	千	百	十	元	角	分	亿	千	百	十	万	千	百	十	元	角	分	
取得清理收入	库存现金						7	6	0	0	0	0	0												
	固定资产清理	电吹风生产线																7	6	0	0	0	0	0	
合　计						¥	7	6	0	0	0	0	0				¥	7	6	0	0	0	0	0	

会计主管：**董翠英**　记账：**赵依**　出纳：**何慧珠**　复核：**董翠英**　制单：**赵依**

图 7-12　取得清理收入

（4）结转清理净收益（图 7-13）。

记账凭证

2019 年 9 月 26 日　　　　　　　　记字第 **52** 号

摘要	科目		借方金额											贷方金额											√
	总账科目	明细科目	亿	千	百	十	万	千	百	十	元	角	分	亿	千	百	十	万	千	百	十	元	角	分	
结转清理净收益	固定资产清理	电吹风生产线					1	2	0	0	0	0	0												
	营业外收入	处理固定资产净收益																1	2	0	0	0	0	0	
合　计						¥	1	2	0	0	0	0	0				¥	1	2	0	0	0	0	0	

会计主管：**董翠英**　记账：**赵依**　出纳：**何慧珠**　复核：**董翠英**　制单：**赵依**

图 7-13　结转清理净收益

（二）不结转固定资产清理净损益

企业出售、转让划归为持有待售类别的，按照持有待售非流动资产、处置组的相关内容进行会计处理；未划归为持有待售类别而出售、转让的，通过“固定资产清理”科目归集所发生的损益，其产生的利益或损失转入“资产处置损益”科目，计入当期损益；固定资产因报废毁损等原因而终止确认的，通过“固定资产清理”科目归集所发生的损益，其产生的利得或损失计入营业外收入或营业外支出。

错弊手法

固定资产清理完毕后，不及时结转清理净损益，而是长期保留在“固定资产清理”账户中挂账，以结转到下年再处理，用于调节当年的利润水平。

查账方法

（1）审阅“固定资产清理”明细账，采用推理法判断固定资产清理所用时间的合理性，并询问有关人员。

（2）到清理现场查看“固定资产清理”明细账上所列的清理项目是否真实存在。

（三）固定资产出租收入虚挂往来账

企业将闲置的固定资产出租所获得的租金收入，不论是否收到租金，均应在确认租赁收入时记入“其他业务收入”账户的贷方；计提出租固定资产的折旧及发生的相关费用支出，应记入“其他业务成本”账户的借方；一般纳税人出租不动产，出租其2016年4月30日前取得的不动产，可以选择适用简易计税方法，按照5%的征收率计算应纳税额；出租其2016年5月1日后取得的不动产，适用一般计税方法按9%计税。

错弊手法

在取得出租固定资产租金收入时，不确认为收入，而是以存入保证金的名义长期挂在“其他应付款”账户中，以逃避缴纳增值税和调低当期利润。

查账方法

（1）审阅固定资产租赁合同，确定租赁收入的确认时间和方式。

（2）审阅银行存款日记账及相关会计资料，查证其会计处理方法是否正确。

思考题

1. 固定资产借款费用应当如何处理？

2. 已入账的固定资产，其账面价值是否可以随意调整？

3. 影响固定资产折旧的因素有哪些？

4. 哪些固定资产应计提折旧？

5. 固定资产与低值易耗品有何异同？

6. 土地使用权应当如何处理？

上岗一试

1. 查账人员在审查“固定资产”明细账时，发现公司的办公大楼建筑面积为2 560平方米，账面价值为10 752 000元。其中：征地款7 731 200元，建筑成本2 457 600元，装修成本563 200元。

要求：（1）列出查账疑点；

（2）指出存在的问题并进行分析；

（3）进行相关的会计处理。

2. 查账人员2019年5月10日查账时发现，公司2018年6月份将一台不需要使用的数控机床出售，其原值为900 000元，已提折旧36 000元，清理费用1 200元，出售设备获得收入78 000元，当月已清理完毕，但至今尚未结转清理损益。

要求：（1）列出查证的程序；

（2）进行相应的会计调整（假设公司的所得税率为25%，法定盈余公积和任意盈余公积分别按净利润的10%和5%提取）。

3. 查账人员2020年1月10日在审查公司的“在建工程”明细账时，发现公司于2019年3月1日从银行取得年利率为6.5%的贷款350万元用于建造仓库，工程已于2019年10月31日完工并交付使用，该仓库建造成本为800万元，但至今尚未计提借款利息，也未结转工程完工成本。

要求：（1）计提借款利息，并进行相关的账务处理；

（2）计算并结转工程完工成本；

（3）按直线法计算该项固定资产上年应提的折旧（假定该仓库预计使用年限为40年，预计净残值率为5%）。

项目八
审查负债及所有者权益业务

学习目标

- 掌握借款业务常见错弊的审查方法；
- 掌握应付职工薪酬业务常见错弊的审查方法；
- 掌握实收资本业务常见错弊的审查方法；
- 掌握留存收益业务常见错弊的审查方法；
- 能正确审查负债及所有者权益业务的错弊行为；
- 塑造为群众算好账管好钱，以人民为中心的服务意识。

任务一　审查负债业务

一、借款业务中常见的错弊行为及审查方法

（一）不按期计提借款利息

企业为了满足正常生产经营或扩大再生产的需要，有时会通过银行取得各种借款。无论是长期借款还是短期借款，企业均需要向债权人按期偿还借款的本金和利息。在会计核算上，企业不仅要如实反映借款地取得和归还情况，还需按照权责发生制原则和配比原则，及时计提借款利息。

错弊手法

（1）平时不计提借款利息，只有到银行扣息时，才根据银行转来的扣息凭证进行账务处理。

（2）期末决算时不计提本年度借款利息，而是放到下年度进行处理，以提高本年利润。

查账方法

（1）审阅“短期借款”账户和“长期借款”账户，查证企业是否存在未到期的短期借款或长期借款。

（2）了解各种借款的用途及计息时的账务处理要求。

（3）查阅“财务费用”“在建工程”“研发支出”“制造费用”等账户，查证企业是否按照规定计提利息，并进行相应的账务处理。

（二）借款利息计提不当

错弊手法

将借款利息全部计入当期损益，以调低当期利润水平，逃避缴纳所得税。

查账方法

审阅借款合同，了解借款期限、利率和“财务费用”账户的关系，验证财务费用的计提是否正确。

【例8-1】 2020年3月26日，查账人员在审查公司2019年度的财务费用时，在与“短期借款”账户（图8-1）进行核对中，发现12月31日计提短期借款利息的分录疑点（图8-2）决定进行深入调查。

短期借款总账

2019		凭证		摘要	借方										贷方										借或贷	余额										√
月	日	字	号数		千	百	十	万	千	百	十	元	角	分	千	百	十	万	千	百	十	元	角	分		千	百	十	万	千	百	十	元	角	分	
11	1	记	2	借款												2	0	0	0	0	0	0	0	0	贷		2	0	0	0	0	0	0	0	0	
				结转下年																																

图8-1　短期借款总账

记录疑点

公司2019年11月取得借款2 000 000元，且11月份没有计提借款利息。12月31日计提借款利息60 000元，两个月的利息高达60 000元，即平均每月利息为30 000元，由此可以推算出该短期借款的年利率应为18%，这可能吗？

记账凭证

2019 年 12 月 31 日　　　　　　　　　　记字第 21 号

摘要	科目		借方金额											贷方金额											√
	总账科目	明细科目	亿	千	百	十	万	千	百	十	元	角	分	亿	千	百	十	万	千	百	十	元	角	分	
计提借款利息	**财务费用**	**利息支出**					6	0	0	0	0	0	0												
	应付利息																	6	0	0	0	0	0	0	
合　计						¥	6	0	0	0	0	0	0				¥	6	0	0	0	0	0	0	

附件　张

会计主管：**董翠英**　记账：**赵依**　出纳：**何惠珠**　复核：**董翠英**　制单：**赵依**

图 8-2　记账凭证

查账方法

审阅该短期借款的凭证，确认借款利率和期限如图 8-3 所示。

（贷款）借款凭证（回单）

日期：2019 年 11 月 1 日

收款人	全　称	南宁市永丰实业有限责任公司		付款方	全　称	南宁市永丰实业有限责任公司		
	放款户账号	1704003450509345678			往来户账户	1704003450509345678		
	开户银行	工行长堽支行分理处			开户银行	工行长堽支行分理处		
借款期限（最后还款日）		6 个月 2020 年 4 月 30 日		借款利率（年利息）		6%		
借款申请金额		人民币：**贰佰万元整（大写）**					¥ 2 000 000.00	
借款原因及用途		生产经营周转专用		银行核定金额：			¥ 2 000 000.00	
期限	计划还款日期	√	计划还款金额	分次还款记录	期次	还款日期	还款金额	结欠
1	**2020 年 4 月 30 日**		**2 000 000.00**					
2								
3								
4								
备注： 到期还款时支付利息				上述借款业已同意贷给并转入你单位往来账户 借款到期时应按期归还　此致 借款单位		中国工商银行 长堽支行分理处 2019年11月1日 转讫 （银行盖章）2019 年 11 月 1 日		

图 8-3　短期借款凭证

从借款凭证中可见，该项借款金额为2 000 000元，借款期限为6个月，借款年利率为6%，到期一次性归还本息。由此可知，该借款每月应付的利息为10 000元（2 000 000 × 6%/12=10 000），而不是30 000元。

查账结论

公司为了虚减2019年度利润总额，逃避缴纳所得税，将全部借款利息一次性计入2019年12月，造成当年利润虚减40 000元，该公司的所得税税率为25%，偷逃缴纳所得税额10 000元（40 000×25%）。

会计调整

（1）调增上年利润，如图8-4所示。

记账凭证

2019年9月26日　　记字第53号

摘要	科目		借方金额											贷方金额											√
	总账科目	明细科目	亿	千	百	十	万	千	百	十	元	角	分	亿	千	百	十	万	千	百	十	元	角	分	
调增上年利润	应付利息						4	0	0	0	0	0	0												附件
	应交税费	应交所得税																1	0	0	0	0	0	0	
	以前年度损益调整																	3	0	0	0	0	0	0	张
合计						¥	4	0	0	0	0	0	0				¥	4	0	0	0	0	0	0	

会计主管：董翠英　记账：赵依　出纳：何惠珠　复核：董翠英　制单：赵依

图8-4　调增上年利润记账凭证

（2）调整未分配利润，假定公司应按10%计提法定盈余公积和按5%计提任意盈余公积（图8-5）。

记账凭证

2019年9月26日　　记字第54号

摘要	科目		借方金额											贷方金额											√
	总账科目	明细科目	亿	千	百	十	万	千	百	十	元	角	分	亿	千	百	十	万	千	百	十	元	角	分	
整理未分配利润	以前年度损益调整						3	0	0	0	0	0	0												
	盈余公积	法定盈余公积																	3	0	0	0	0	0	附件
	盈余公积	任意盈余公积																	1	5	0	0	0	0	
	利润分配	未分配利润																2	5	5	0	0	0	0	张
合计						¥	3	0	0	0	0	0	0				¥	3	0	0	0	0	0	0	

会计主管：董翠英　记账：赵依　出纳：何惠珠　复核：董翠英　制单：赵依

图8-5　调整未分配利润记账凭证

（三）骗取银行贷款转放高利贷

企业的借款一般应用于固定资产的购建、改扩建工程、大修理工程、对外投资以及保证正常的生产经营周转，是根据企业的实际需要而向银行申请取得的。为降低财务风险，企业必须对借款项目完成后所产生的效益进行充分地评估，以避免盲目贷款和风险投资。

错弊手法

编造投资项目或技改项目，骗取银行贷款或国家的专项低息、无息贷款，然后挂在“预付账款”账上，将款项转放高利贷，以收取高额利息存入“小金库”。

查账方法

（1）审阅借款项目的可行性分析报告，查证该项目借款投资的必要性。

（2）查看借款项目的建设情况，确认借款项目投资的真实性。

（3）审阅相关凭证，查看借款项目建设的资金使用情况，检查其财务处理是否正确。

（四）以流动资金贷款购置固定资产

流动资金借款一般是指企业为了维持正常的生产经营活动或是为了抵偿某项债务而从银行借入的各种短期借款，主要包括临时借款、生产经营周转借款、票据贴现借款和结算借款等。其借款期限一般都在一年以内，逾期不归还贷款时，银行还将加收罚息。

错弊手法

因某项固定资产投资不符合企业的效益性原则（ 如购买豪华小轿车等），银行不予发放贷款，故转而以申请流动资金借款的方式先行骗取银行贷款，然后用于购买该项固定资产。

查账方法

（1）审阅“银行存款”日记账，查证银行借款取得和使用的情况，核对其账务处理是否正确。

（2）审阅“固定资产”明细账，对购买特殊的非生产经营所必需的固定资产的资金来源进行查证。

二、应付职工薪酬业务常见的错弊及审查方法

（一）虚列工资表吃空额

职工薪酬是指企业为了获得职工提供的服务而给予职工各种形式的报酬以及相关支

出，是对职工劳动付出的一种补偿，也是企业计提基本养老保险、基本医疗保险等相关费用的依据。

错弊手法

利用职务之便，在工资表上虚列职工人数和工资，虚领工资侵吞公款。

查账方法

（1）审阅“工资结算汇总表”，运用复核法计算职工五项社会保险金，以核对企业缴纳的五项社会保险金总额是否相等。因为虚列的人员一般不会办社保，工资表中虽然列出人名，但在计算五项社会保险金时则会扣除。

（2）询问人事部门的有关人员，了解被查单位的职工人数，若发现有出入时，可用“工资结算明细表”上所列的人员名单与人事部门的职工档案人员名单进行核对。

（二）拖欠应缴纳的职工社会保险费

为保障职工权益，企业应当按照法律、法规和当地人民政府的规定参加社会保险，为职工缴纳基本养老保险费、基本医疗保险费、失业保险费、工伤保险费和生育保险费五项保险费。社会保险费一般以工资总额为基础计算，缴纳比例由各地（省、市）人民政府确定，分为企业负担和个人负担两个部分，并及时足额上缴有关部门。

错弊手法

（1）不按规定计提社会保险费，不给职工买社保，以降低企业的成本支出。

（2）虽然按规定计提了社会保险金，但故意长期拖欠不上缴有关部门，以减少企业的现金流出。

查账方法

（1）审阅“管理费用”明细账，查阅是否已计提社会保险费。

（2）根据“工资结算汇总表”所列的工资总额，运用复核法验证被查单位的社会保险费计算是否正确。

（3）审阅“银行存款日记账”和相关的会计凭证，查证被查单位是否及时足额缴纳社会保险费。

任务二 审查所有者权益

一、注册资本认缴制及其账务处理

2014年2月20日国家工商行政管理总局令第64号公布《公司注册资本登记管理规定》自2014年3月1日起施行。其中第二条规定有限责任公司的注册资本为在公司登记机关依法登记的全体股东认缴的出资额。公司注册资本认缴制，是注册公司时，工商部门只登记公司股东认缴的注册资本总额，无须登记实收资本，也不再收取验资证明文件，实缴注册资本可以为零。公司股东认购的股份需要资金足额到位，允许先到一部分，到位时间可以由股东自行决定，不需要验资，只需要在每年的年度报告上申报反映及存档到登记机关。公司实收资本由验资制向自行申报制过渡。如申报与事实不符，公司的股东需要承担法律责任。

《企业会计准则——应用指南》附录规定，实收资本科目核算企业接受投资者投入的实收资本。注册资本和实收资本是有一定区别和联系的。区别是注册资本是公司在设立筹集的、由章程载明的、经公司登记机关登记注册的资本，是股东认缴或认购的出资额。实收资本是公司成立时实际收到的股东出资总额，是公司现实拥有的资本。实收资本在某段时间内可能小于注册资本，但以后可能大于注册资本。两者的联系是：在注册资本认缴制的情况下，注册资本与实收资本不一致，一般体现在注册资本大于实收资本。在注册资本缴足前，实收资本低于注册资本；一旦对认缴的全部出资缴足，则实缴资本与注册资本相等。

认缴制下账务处理，收到首缴注册资本时，借：银行存款，贷：实收资本；未收到的注册资本，借：其他应收款，贷：实收资本；等以后再收到认缴的部分，借：银行存款，贷：其他应收款，直至达到认缴注册数额。如股东先购置了资产，发生经营业务，则借：资产类科目，贷：实收资本；股东用资金支付了负债，借：负债类科目，贷：实收资本。

二、实收资本业务常见的错弊行为及审查方法

（一）将投入资本的溢价列入当期损益

企业收到投资者投入的超过企业注册资本（或股本）所占份额的投资，以及应直接计入所有者权益的利得和损失时，应当计入“资本公积”账户。

股东在认缴出资、企业重组或有新的投资者加入时，有时会约定以高于其所占注册资本比例的份额出资，这就形成了资本溢价（或股本溢价），这部分由投资者投入的，但不能构成实收资本，而应由全体股东共同享有的资本溢价（或股本溢价），应计入“资本公积”账户进行核算。

错弊手法

企业为调增当期利润，将资本溢价（或股本溢价）通过“营业外收入”“投资收益”等账户计入当期损益，虚增当期利润。

查账方法

（1）审阅投资协议书，查看投资者的出资额及其在公司股份中所占比例，是否为溢价投资。

（2）审阅“实收资本”（或“股本”）和“资本公积”等账户，查看增加的资本或股本是否产生溢价。

（3）审阅相关会计凭证，查证其账务处理是否符合规定，有无将资本溢价（或股本溢价）计入当期损益的情形。

三、留存收益业务常见的错弊行为及审查方法

（一）计提盈余公积金的基数不正确

盈余公积是指企业按规定从净利润中提取的企业积累资金。按照《公司法》的有关规定，公司制企业应当按照净利润（扣除弥补以前年度亏损额）的10%提取法定盈余公积。提取了法定盈余公积后，企业还可以按照股东会议的决议提取任意盈余公积。非公司制企业法定盈余公积的提取比例可超过净利润的10%。值得注意的是，在计算提取法定盈余公积金的基数时，应以当年的净利润为基数，不应包括企业年初的未分配利润。

错弊手法

（1）在计算盈余公积时，以利润总额作为计提的基数。

（2）在计算盈余公积时，将年初未分配利润加入到计提基数中。

查账方法

采用复核法确定被查单位当年的税后净利润数额，计算确定被查单位所计提的盈余

公积是否正确。若不正确，可询问有关人员是如何确定计提基数的，以查证其计提基数是否为利润总额或累加了年初未分配利润。

【例8-2】 南宁市永丰有限责任公司注册资本为1 000万元，所得税税率为25%。法定盈余公积按净利润的10%计提，任意公积金按净利润的5%计提，2019年度实现的利润总额为100万元。查账人员2020年9月26日在审阅公司2019年度的“所有者权益变动情况表”（表8-1）时，发现盈余公积的增加不符合常规，决定深入调查。

表8-1　　所有者权益变动情况表

2019年12月31日

项　目	年初数	期末数	差异额	差异率/%
实收资本	10 000 000	10 000 000	—	—
资本公积	2 640 000	2 640 000	—	—
盈余公积	2 700 000	3 150 000	450 000	16.67
未分配利润	4 780 000	5 380 000	600 000	12.55
合计	15 340 000	21 170 000	1 050 000	29.22

记录疑点

公司2019年度的利润总额为100万元（假定无纳税调整项目），所得税率为25%，应纳所得税为25万元（1 000 000 ×25% =250 000），净利润应为75万元（1000 000 − 250 000=750 000）。按10%计提法定盈余公积75 000元（750 000×10%），按5%计提任意盈余公积37 500元（750 000×5%），盈余公积期末数比年初数应增加112 500元，但“所有者权益变动情况表”中所反映的盈余公积却增加了450 000元，这是为什么呢？

查账方法

（1）审阅“盈余公积”账户，如图8-6所示，了解盈余公积增加的原因。

盈余公积总账

2019年		凭证		摘要	借方										贷方										借或贷	余额										√
月	日	字	号数		千	百	十	万	千	百	十	元	角	分	千	百	十	万	千	百	十	元	角	分		千	百	十	万	千	百	十	元	角	分	
1	1			上年结转																					贷		2	7	0	0	0	0	0	0	0	
12	29	记	54	转入													3	0	0	0	0	0	0	0												
12	31	记	59	计提													1	5	0	0	0	0	0	0	贷		3	1	5	0	0	0	0	0	0	
				结转下年																																

图8-6　盈余公积总账

（2）从“盈余公积”账户可见，12月29日转入的300 000元，说明不详，应查看12

月第54号记账凭证，如图8-7所示。

记账凭证

2019年12月29日　　　　　　　　　　记字第**54**号

摘要	科目		借方金额（亿千百十万千百十元角分）	贷方金额（亿千百十万千百十元角分）	√
	总账科目	明细科目			
转入	应付账款	白色家佳塑料厂	3 0 0 0 0 0 0 0		
	盈余公积	任意盈余公积		3 0 0 0 0 0 0 0	
合计			¥ 3 0 0 0 0 0 0 0	¥ 3 0 0 0 0 0 0 0	

附件1张

会计主管：**董翠英**　记账：**赵依**　出纳：**何惠珠**　复核：**董翠英**　制单：**赵依**

图8-7　12月第54号记账凭证

（3）从12月第54号记账凭证可知，这是一笔结转无法支付款项的业务。

（4）从“盈余公积”账户（图8-6）可见，本年度计提的盈余公积为150 000元，也不符合提取标准，应查看12月第59号记账凭证（图8-8）及其附件（表8-2）。

记账凭证

2019年12月31日　　　　　　　　　　记字第**59**号

摘要	科目		借方金额（亿千百十万千百十元角分）	贷方金额（亿千百十万千百十元角分）	√
	总账科目	明细科目			
提取盈余公积	利润分配	提取法定盈余公积	1 0 0 0 0 0 0 0		
	利润分配	提取任意盈余公积	5 0 0 0 0 0 0		
	盈余公积	法定盈余公积		1 0 0 0 0 0 0 0	
	盈余公积	任意盈余公积		5 0 0 0 0 0 0	
合计			¥ 1 5 0 0 0 0 0 0	¥ 1 5 0 0 0 0 0 0	

附件　张

会计主管：**董翠英**　记账：**赵依**　出纳：**何惠珠**　复核：**董翠英**　制单：**赵依**

图8-8　12月第59号记账凭证

表8-2　　**盈余公积金计算表**

2019年12月31日

项　　目	提取基数	比例/%	计提金额
法定盈余公积	1 000 000	10	100 000
任意盈余公积	1 000 000	5	50 000
合计	—	—	150 000

查账结论

经询问得知，由于白色家佳塑料厂早已破产清算，公司所欠其货款300 000元无法支付，按规定应通过“营业外收入”账户计入当期损益，但为了逃避缴纳所得税，就将其计入“盈余公积”账户，以图蒙骗过关；而计提本年度盈余公积时，由于疏忽大意，将计提基数错看成利润总额。

会计调整

（1）调整无法支付的货款如图8-9所示。

记账凭证

2020年9月26日　　　　记字第58号

摘要	科目		借方金额											贷方金额											√
	总账科目	明细科目	亿	千	百	十	万	千	百	十	元	角	分	亿	千	百	十	万	千	百	十	元	角	分	
调整2019年12月第54号凭证	盈余公积	任意盈余公积				3	0	0	0	0	0	0	0												
	应交税费	应交所得税																7	5	0	0	0	0	0	
	以前年度损益调整																2	2	5	0	0	0	0	0	
合计					¥	3	0	0	0	0	0	0	0			¥	3	0	0	0	0	0	0	0	

附件　张

会计主管：董翠英　记账：赵依　出纳：何惠珠　复核：董翠英　制单：赵依

图8-9　调整无法支付的货款

（2）结转以前年度损益调整如图8-10所示。

记账凭证

2020年9月26日　　　　记字第59号

摘要	科目		借方金额											贷方金额											√
	总账科目	明细科目	亿	千	百	十	万	千	百	十	元	角	分	亿	千	百	十	万	千	百	十	元	角	分	
结转以前年度损益调整	以前年度损益调整					2	2	5	0	0	0	0	0												
	利润分配	未分配利润															2	2	5	0	0	0	0	0	
合计					¥	2	2	5	0	0	0	0	0			¥	2	2	5	0	0	0	0	0	

附件　张

会计主管：董翠英　记账：赵依　出纳：何惠珠　复核：董翠英　制单：赵依

图8-10　结转以前年度损益调整

（3）冲销多提的盈余公积如图8-11所示。

多计提的法定盈余公积金额为2 500元，2 500 =（1 000 000 −750 000）×10% − 225 000×10%；多计提的任意盈余公积金额为1 250元，1 250 =（1 000 000 −750 000）×5% − 225 000× 5%。

（二）超额计提和使用盈余公积

企业计提的盈余公积累计额达到注册资本的50%时可以不再提取，提取的盈余公积

记账凭证

2020年9月26日　　　　　　　　　　　　　　　　　　　　记字第60号

摘要	科目		借方金额											贷方金额											√
	总账科目	明细科目	亿	千	百	十	万	千	百	十	元	角	分	亿	千	百	十	万	千	百	十	元	角	分	
冲销多提的盈余公积	盈余公积	法定盈余公积						2	5	0	0	0	0												附件
	盈余公积	任意盈余公积						1	2	5	0	0	0												
	利润分配	提取法定盈余公积																	2	5	0	0	0	0	张
	利润分配	提取任意盈余公积																	1	2	5	0	0	0	
合计							¥	3	7	5	0	0	0					¥	3	7	5	0	0	0	

会计主管：董翠英　记账：赵依　出纳：何惠珠　复核：董翠英　制单：赵依

图8-11　冲销多提的盈余公积

经批准可用于弥补亏损、转增资本、发放现金股利或利润等，但使用后留存的盈余公积不得少于注册资本的25%。

错弊手法

（1）盈余公积累计计提额超过注册资本的50%时仍继续计提，以减少利润分配的数额或推迟利润分配，损害中小投资者的利益。

（2）超额使用盈余公积转增股本，使留存的盈余公积低于转增前公司注册资本的25%，削弱企业扩大再生产、提高竞争力和抗风险的能力。

查账方法

（1）审阅“盈余公积”与“实收资本”（或“股本”）账户，对比计算盈余公积所占比例，查证是否超额计提盈余公积或超额使用盈余公积。

（2）审阅相关文件及会计凭证，查看盈余公积的使用是否符合国家法律规定和考虑了投资者的利益，使用手续是否齐全。

（三）税前弥补亏损不正确

根据财务制度规定，企业发生的年度亏损，可以用下一年度的税前利润弥补；下一年度利润不足弥补的，可以在5年内延续弥补；5年内不足弥补的，应当用税后利润弥补。

错弊手法

用税前利润弥补超过五年的以前年度亏损，以逃避缴纳企业所得税。

查账方法

审阅“利润分配”明细账，若发现用税前利润弥补以前年度亏损的情况，则追踪审查以前利润实现及分配的会计资料，查看其弥补期限是否超过规定。

思考题

1. 简要说明企业是如何利用借款费用调节利润的。

2. 如何查证利用工资表吃空额的舞弊行为？

3. 实收资本与注册资本应当保持一致吗？

4. 企业的注册资本可以全部用非货币性资产投资吗？

5. 企业的资本金可以自行根据需要增减吗？

6. 当企业的投资者投入的资本额超过所占注册资本份额时，其溢价部分应如何处理？

7. 只要企业年度经营产生净利润就一定要计提法定盈余公积吗？

上岗一试

1. 查账人员2020年3月15日在审阅公司2019年度财务会计报告时，发现利润表中的“财务费用”项目没有发生额，但在“资产负债表”中却有长期借款500万元。据了解，该项借款发生于2019年3月1日，借入期限三年，年利率为5.8%，用于车间扩建工程，工程已于2019年11月1日完工。为完成年度利润计划，公司未计提当期的借款费用。

要求：（1）如何确定疑点？

（2）如何进行借款费用的审查？

（3）如何进行会计调整？

（注：公司的所得税税率为25%，法定盈余公积按净利润的10%计提，任意盈余公积按净利润的5%计提。）

2. 查账人员在审查公司股东投入资本情况时发现一张凭证：

借：银行存款　　　　2 700 000

　贷：实收资本——林萍　　　　2 200 000

　　　投资收益　　　　500 000

要求：（1）指出上述会计分录的错误之处，并分析会计人员这样处理的目的；

（2）如何进行会计调整？

参 考 文 献

[1] 陶海林.会计查账实务[M].北京：中国财政经济出版社，2008.

[2] 陆振萍.查账实务[M].上海：立信会计出版社，2016.

[3] 代义国.会计错弊与查账实战[M].广州：广东经济出版社，2009.

[4] 潘胜男，曹艳娜.审计学基础[M].北京：中国商业出版社，2019.

[5] 高翠莲.审计基础与实务习题集[M].北京：高等教育出版社，2019.